La
CRÉATIVITÉ
en action

2e édition

Les Éditions Transcontinental inc.
1253, rue de Condé
Montréal (Québec)   H3K 2E4
Tél.:   (514) 925-4993
         (888) 933-9884
Internet: www.logique.com

Données de catalogage avant publication (Canada)
Cossette, Claude, 1937-
La créativité en action
2ᵉ édition
Publ. à l'origine dans la coll.: Collection Les affaires. 1990.
Comprend des réf. bibliogr.

ISBN 2-89472-053-X

1. Créativité. 2. Pensée créatrice. 3. Intuition. 4. Créativité dans les affaires.
I. Titre.

BF408.C67 1997   153.3'5   C97-941605-1

Révision et correction: Lyne M. Roy, Jacinthe Lesage
**Mise en pages et conception graphique
de la couverture:** Studio Andrée Robillard

© Les Éditions Transcontinental inc., 1998
Dépôt légal – 1ᵉʳ trimestre 1998
Bibliothèque nationale du Québec
Bibliothèque nationale du Canada
ISBN 2-89472-053-X

Printed in Canada

Les Éditions Transcontinental remercient le ministère du Patrimoine canadien et la Société de développement des entreprises culturelles du Québec d'appuyer leur programme d'édition.

Claude Cossette

Les Éditions
TRANSCONTINENTAL inc.

Note de l'éditeur

Indépendamment du genre grammatical, les appellations qui s'appliquent à des personnes visent autant les femmes que les hommes. L'emploi du masculin a donc pour seul but de faciliter la lecture de ce livre.

À mes petits-enfants, Alexandre, Elsa, William, Olivier et Lily.

À mes « nouveaux » étudiants en création publicitaire du Département d'information et de communication de l'Université Laval.

Table des matières

Pour créer, la seule chose difficile est de commencer.
Un brin d'herbe n'est pas plus difficile à faire qu'un chêne.

JAMES RUSSELL LOWELL
AVOCAT, POÈTE ET DIPLOMATE

Avant, je pensais qu'une personne qui faisait quelque chose de spécial
était bizarre.
Maintenant, je sais que ceux qui sont bizarres
sont ceux qui trouvent les autres bizarres.

PAUL MCCARTNEY
MUSICIEN

CRÉER, C'EST VIVRE !

La créativité existe depuis que le monde est monde. L'humain est sans doute le seul être vivant doté d'imagination, ce qui le rend capable de « voir » le futur, de revoir son passé et – hélas ! – de pressentir sa mort. Son imagination lui permet aussi de créer.

Ce qui donne un regain de vie à la créativité, c'est qu'on a, depuis les recherches de J. P. Guilford dans les années 50, mieux cerné sa nature et systématisé son développement. On a enfin compris que la créativité n'est pas seulement utile aux artistes et aux publicitaires, mais qu'elle se révèle un état d'esprit qui permet d'affronter plus efficacement les problèmes de la vie.

À la vitesse où évolue la société, qui peut y survivre désormais sans un esprit créatif ? Qui peut, comme dans les sociétés traditionnelles, faire les choses comme on les a toujours faites ? On vit dans un monde changeant. Le changement lui-même est devenu une valeur de société, si bien que plusieurs se sentent valorisés par la simple apparence du changement, par la mode par exemple. Alexis Klimov, dans son livre *Terrorisme et beauté*, écrit : « L'œuvre d'art [signe de créativité vraie] est rejetée par la mode qui, derrière ses audaces apparentes, ne fait que déguiser l'impuissance à vivre en une valorisation de l'éphémère. »

Or, tout être humain est fondamentalement un créateur ; il ne peut savourer un sentiment de réalisation, de plénitude, que s'il crée lui-même. Seule la création lui permet d'être pleinement. Ceux qui ne créent pas doivent trouver compensation pour leur mal de vivre. Cela se manifeste souvent par une frénésie à « avoir » : avoir un beau bungalow, une rutilante auto, une troisième radio, un gros bateau, un sixième manteau... On se rabat sur la consommation... dans laquelle l'âme se consume. Dans notre civilisation de l'obsolescence, on sent bien, en effet, que tout se démode, aussi bien les idées que les objets – quand ce ne sont pas les êtres humains eux-mêmes !

Pour faire face au changement, dans sa vie personnelle aussi bien que professionnelle, il n'est qu'une attitude valable : affronter résolument les problèmes avec un esprit ouvert. C'est l'idée derrière le mot *créativité*.

Claude Cossette

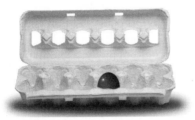

POURQUOI LA CRÉATIVITÉ ?

Là où l'on ne peut exprimer son opinion, le statu quo devient la norme et toute originalité, même la plus indispensable, est découragée.

BERTRAND RUSSELL
MATHÉMATICIEN ET PHILOSOPHE BRITANNIQUE

Pourquoi la créativité ?

La créativité est un sujet fort débattu. Non seulement dans les professions qui misent essentiellement sur elle, comme les arts ou la publicité, mais encore dans des disciplines beaucoup plus « sérieuses », comme la gestion ou les sciences pures. On peut se demander pourquoi.

L'explication la plus plausible est reliée au phénomène que l'on a nommé « l'accélération de l'histoire ». En effet, on sait que les moyens de communication contemporains provoquent une désuétude artificielle de tous les phénomènes sociaux, des biens de consommation jusqu'aux valeurs culturelles. Les médias de masse se repaissent des objets et des idées à la mode, comme les grizzlys le font des jeunes truites...

Mais en réalité, l'intérêt pour la créativité n'est pas nouveau, il vient de loin.

1.1 D'où vient la créativité ?

1.1.1 La soif de connaître

Nul besoin d'aller loin pour trouver le moteur de la créativité : c'est le besoin de connaître qui se trouve en toute personne. Bien sûr, chez certains individus, ce besoin s'est endormi sous la contrainte de l'environnement. Tous ceux qui ont enseigné les arts plastiques aux jeunes enfants savent cela. Jusqu'à huit ou neuf ans, ils sont tous créatifs, libres, habiles à jouer du pinceau ou de l'écran avec des accents de merveilleux, capables d'extérioriser leur univers intérieur avec une facilité étonnante. Puis, à neuf ou dix ans, la source s'assèche. La raison prend peu à peu, chez l'adolescent, le contrôle de la personnalité. Celui-ci veut accéder au monde des adultes. Il s'évertue à imiter. Sauf exception, « Mozart est définitivement assassiné ».

Cependant, la soif de connaître demeure au fond des cœurs. On sait toutes ces personnes qui accomplissent dans l'ennui leurs tâches professionnelles et qui attendent « cinq heures » pour enfin accéder au monde de leur passion : la collection des cartons d'allumettes (ou des cœurs !), les dernières statistiques sur le hockey, la pratique poussée du chant choral ou l'expérimentation des derniers logiciels de micro-informatique. C'est qu'il est difficile d'enchaîner en permanence un individu dans un cadre connu et immuable. Il cherchera toujours le changement, sinon c'est la mort. Ce qui est mort est contrôlable (?!). La vie, elle, est imprévisible. C'est là l'essence même de la vie. Pour cette raison, elle est passionnante aux yeux de certains, angoissante aux yeux des autres.

On sait par exemple que l'œil qui regarde fixement une scène donnée verra cette scène s'évanouir dans le flou après quelques secondes. L'œil a besoin de changer continuellement de plage pour maintenir la vision. C'est le cas pour tous nos sens ; c'est ainsi qu'on ne sent plus les odeurs nauséabondes quand on travaille parmi les immondices. Ce qui est vrai des systèmes biologiques en général l'est aussi pour les systèmes perceptifs. Apparaissent à la conscience les éléments qui *contrastent* avec leur environnement. Ceux qui sont jaunes quand tous les autres sont noirs, ceux qui sont ronds quand tous les autres sont pointus, ceux qui sont stables quand tous les autres sont en mouvement... Bref, la nature est avide de changement !

1.1.2 Un monde subliminal

Il est bien connu que nous vivons tous une grande partie du temps dans un monde subliminal, c'est-à-dire en dessous du seuil de notre conscience. La plupart des tâches anodines que nous accomplissons quotidiennement sont exécutées à l'aide de notre « pilote automatique », pourrait-on dire. Appuyer sur le bouton du réveille-matin qui sonne, engouffrer le huitième café de la journée, enfiler son coupe-vent quand on part en coup de vent, toutes ces tâches répétitives se font sans que la conscience ait à intervenir véritablement. Il m'est arrivé de garer ma voiture dans mon entrée de garage sans que je puisse me rappeler quelle route j'avais empruntée pour me rendre jusqu'à mon domicile...

Beaucoup des tâches que nous avons à exécuter sont « apprises par cœur » par notre cerveau qui les identifie comme des sous-routines et les exécute ensuite sans que la conscience vive ait à en prendre charge. Comme l'ordinateur, notre cerveau emmagasine un nombre impressionnant de ces sous-routines, chacune s'intégrant à une nouvelle séquence selon la tâche à accomplir.

Par ailleurs, il deviendrait vite impossible de vivre dans un monde où nous aurions à porter une attention complète à tous les stimuli qui sont captés par notre organisme. Chacun a fait l'expérience de ces mots qui deviennent subitement étranges dès qu'on se penche un tant soit peu sur leur origine étymologique, leur structure alphabétique ou leur éclatement sémantique. Je me rappelle une camarade restée avec des séquelles d'une drogue psychédélique qui lui avait « ouvert la conscience ». Celle-ci était si ouverte effectivement que les conversations que l'on avait avec elle bifurquaient continuellement dans tous les sens ; elle était lancée dans une nouvelle avenue à cause d'une syllabe accentuée d'une façon donnée, d'une association d'idées homonymiques ou d'une simple hésitation réflexive. Il est devenu impossible de tenir des conversations avec elle, bien que son raisonnement fût « logique ». L'éclatement en constellation des idées rend désormais impossible la pensée cohérente suivie.

1.1.3 La nécessité est mère de l'invention

Si nous vivons ordinairement sous le règne de la routine, un changement subit dans notre environnement nous obligera à la créativité. En ce sens, tout le monde est créatif, mais il faut parfois que survienne un événement extraordinaire, voire dramatique, pour que nous réagissions avec créativité. Sinon, nous nous enlisons dans l'ordinaire, la vie devient ennuyeuse. C'est ainsi que les conversions du cœur se font souvent quand on atteint « le fond du baril », que la mort d'un proche nous éveille au sens profond de la vie, que la perte d'un emploi nous lance dans une initiative dont nous n'avions fait que rêver jusque-là. Cela contredit bien la croyance populaire qui affirme que seuls les artistes sont créatifs.

1.1.4 L'intelligence et la créativité

En réalité, la créativité est tout simplement une manifestation de l'intelligence. Trop souvent, on a assimilé l'intelligence à cette intelligence rationnelle, cette intelligence de raisonnement logique. Aussi, les tests d'intelligence (ceux qui déterminent ces fameux quotients intellectuels !) sont-ils construits pour mesurer *un* type d'intelligence, celle qui fait des analyses séquentielles. L'intelligence de synthèse – celle des artistes – est de manière pratique extrêmement difficile à évaluer.

D'ailleurs, cette fameuse « intelligence » de raisonnement souffre de lacunes graves qui sont trop rarement dénoncées. Ainsi, l'intelligence rationnelle jouit de cette faculté particulière de pouvoir justifier n'importe quelle position avancée par un raisonnement qui répond à toutes les lois de la logique. C'est pour cela que les gens de gros bon sens se méfient comme de la peste de ceux qui ont la parole facile, par exemple les politiciens, les curés et les vendeurs. Ils parlent peu, mais ne pensent pas moins. « Gros parleur, p'tit faiseur », pensent-ils justement.

L'intelligence rationnelle permet d'analyser, donc de critiquer, de distinguer, de mettre le doigt sur la différence. Pointer les faiblesses de l'autre est facile pour ces êtres « intelligents », mais créer, faire, innover, c'est plus risqué : on expose alors ses propres faiblesses. En réalité, les créatifs sont souvent plus forts que les critiques qui n'ont pas besoin de s'exposer, mais l'avenir du monde est entre les mains de ceux qui risquent de s'exposer : les scientifiques qui avancent des théories contradictoires, les créateurs qui exposent leurs œuvres, les amoureux qui s'exposent mutuellement leur corps et leur cœur...

À elle seule, l'intelligence rationnelle produit des effets désastreux. Ce qu'il faut, c'est l'intelligence du cœur qui, elle, est créative : elle sait déceler ce que les autres ne voient pas. Contrairement à ce que trop de gens répètent erronément, l'amour n'est *pas* aveugle ; seul l'amour sait voir ce qui est en profondeur. C'est bien ce que disait si magistralement le Petit Prince, le célèbre personnage du romancier-philosophe Antoine de Saint-Exupéry : « On ne voit bien qu'avec le cœur. L'essentiel est invisible pour les yeux. »

On peut être un « génie en herbe » à 15 ans, un « bollé ». Toutefois, il existe aussi des personnes qui, jeunes ou vieilles, en dépit de toutes les blessures reçues, vivent d'amour généreux. Ces individus sont d'éternels optimistes, de grands créatifs, des gens de cœur, des gens qui croient en la Vie, des **vivants**. En un mot, des sages. Mais pas des sages de la tête : des sages du cœur !

1.2 À qui sert la créativité ?

La créativité n'est donc pas l'apanage des créatifs de métier, mais bien une nécessité pour tout le monde. C'est une discipline – en tout cas, un entraînement – que tout le monde devrait pratiquer. On commence à le comprendre : un best-seller comme *L'intelligence émotionnelle*, de Daniel Goleman, fait des convertis en grand nombre dans les milieux de la gestion.

Dans une société changeante comme la nôtre, la créativité est une question de survie. Pensons seulement à l'aspect professionnel : on estime que les jeunes diplômés des années 90 devront réorienter leur carrière trois ou quatre fois au cours de leur période active sur le marché du travail. Ce qui a d'ailleurs déjà été vrai pour plusieurs diplômés des années 60. Ainsi, l'auteur de ce livre a été, réorienté par les hasards (!) de la vie, successivement graphiste, gestionnaire, directeur de recherche marketing et professeur. Sans parler de son métier parallèle d'auteur...

1.2.1 La créativité s'enseigne

On doit réveiller les capacités créatives endormies chez tous et chacun, et encore davantage chez les intellectuellement intelligents. C'est ce que l'on a fait à l'École pour surdoués de l'Université de Toronto et dans des milliers d'écoles en Grande-Bretagne, en Irlande, en Nouvelle-Zélande, aux États-Unis.

En Israël et au Venezuela, ce sont les professeurs que l'on a d'abord « réveillés » ! En effet, depuis 1980, le Venezuela a formé 100 000 professeurs à l'aide du *Cognitive Research Trust Thinking Programme* du Britannique De Bono, et tous les élèves de 10 et 11 ans devront suivre 20 leçons d'entraînement à la créativité.

Une ville différente
*Lequel de ces noms
de villes est de toute
évidence différent de tous
les autres ?*

1.2.2 2 500 examens plus tard...

Oui, la créativité s'enseigne parce qu'il s'agit tout simplement de désapprendre ce que l'on nous a appris à l'école. À l'école, on nous apprend *la* bonne réponse. Or, tout le monde qui a vécu le moindrement sait fort bien qu'il y a de multiples bonnes réponses à un problème donné. Est bonne toute réponse qui résout efficacement le problème qui nous est posé. Néanmoins, les maîtres traditionnels obligent leurs élèves à apprendre *leur* propre bonne réponse...

Au sortir de l'université, après 16 ans de formation (au sens littéral de « mise en forme »), on estime qu'un étudiant moyen aura eu à subir 2 500 tests, évaluations ou examens. Chaque fois, on aura essayé de le convaincre qu'il n'existe qu'une seule bonne réponse, si bien qu'en face d'une situation problématique l'instruit moyen s'arrêtera à la *première* idée-solution qui lui viendra à l'esprit, croyant dur comme fer que c'est *la* solution au problème. On comprendra donc qu'il faille déprogrammer son cerveau si l'on veut accéder au cénacle des personnes créatives. Pour être créatif, il faut pouvoir oublier pour un instant les réponses toutes faites que nous avons apprises.

Essayons de voir si vous êtes créatif avec un petit test tiré du livre *Créatif de choc* de l'Américain Roger Von Oech.

Parmi les cinq figures géométriques ci-dessous, dites laquelle est *différente* de toutes les autres.

La géométrie vue d'un œil différent
(tiré du livre Créatif de choc de l'Américain Roger Von Oech)

Voyons si vous êtes aussi créatif avec des formes. Parmi les cinq figures géométriques présentées ci-dessous, laquelle est différente des autres ?

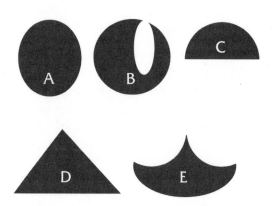

Si vous avez choisi la figure D, vous avez raison, car elle est effectivement différente : c'est la seule constituée exclusivement de droites. Bravo ! Mais ceux qui ont choisi la B ont tout de même raison, car c'est la seule qui ne s'articule pas sur un axe de symétrie. Par ailleurs, si vous aviez choisi la figure A, vous n'auriez pas eu tort : c'est la seule construite selon une double symétrie en miroir, la seule parfaitement refermée sur elle-même, la seule dont le périmètre soit continu. Ceux qui ont choisi la figure C ont aussi raison : c'est la seule constituée à la fois de droite et de courbe. Enfin, même ceux qui ont choisi E ont raison : ils ont peut-être remarqué avec les géomètres que c'est la seule qui est apparentée à la projection d'un triangle non euclidien dans un espace euclidien...

En fait, la réalité est complexe et multiple. Comprendre, c'est imposer ses propres schémas connus sur cette réalité. Ce n'est pas découvrir *la* vérité. Ceux qui sont créatifs sont ceux qui révèlent un aspect moins connu des choses. C'est tout. Celui qui a « inventé » la vitamine C, le biochimiste hongrois et prix Nobel Albert Szent-Györgyi, l'avait constaté : « Découvrir, c'est voir la même chose que tout le monde a vu, mais penser ce que personne n'a pensé. »

1.2.3 L'angoisse devant l'inconnu

Le plus souvent, malheureusement, les personnes qui se trouvent devant un problème se jettent comme le faucon sur le mulot, sur la première solution venue, croyant avoir trouvé LA solution. Devant toute situation floue, la majorité des personnes se sentent poussées en avant avec le besoin de trancher, de décider si c'est blanc ou noir... oubliant de considérer le gris, le rose ou le vert pomme. Nous avons peur des situations imprécises. Nous avons tous besoin de répartir en catégories, en classes, en groupes : les bons et les méchants, les Québécois et les étrangers, les créatifs et les autres... L'économiste Kenneth Boulding affirmait : « Il y a deux sortes de personnes : celles qui divisent tout en deux groupes et celles qui ne le font pas. » À quel groupe, d'après vous, appartenait Boulding ?

Moi je dis : « Tout est vrai ; y compris le contraire de cette affirmation. » Qu'en pensez-vous ?

1.2.4 La psychologie de la gestalt

L'esprit humain est ainsi fait qu'il se refuse à considérer une réalité comme floue, informe. Devant le magma, toute personne s'empressera d'y déceler une « gestalt », comme l'ont démontré les psychologues gestaltistes. Une gestalt est une « bonne forme », une forme simple, fermée, symétrique. En fait, une bonne forme est surtout une forme connue. C'est ainsi que les gens découvrent constamment, dans un amas de nuages, de gros visages bouffis, des angelots joufflus ou... des mamelles gorgées. Pour l'esprit humain, il ne peut y avoir de disposition insignifiante d'éléments : il faut y retrouver un sens, mais il ne faut surtout pas s'imaginer que l'on a alors trouvé *le* sens.

Cette bonne forme est en fait une structure, un algorithme. Essayez de continuer la série de chiffres suivante :

1, 2, 3, 5, 8, 13...

Cette série est la célèbre série de Fibonacci (connu aussi sous le nom de Léonard de Pise), célèbre marchand et mathématicien italien du XIIe siècle. Elle a ceci de particulier : elle produit la « divine proportion », laquelle semble la plus harmonieuse à la majorité des gens, soit 1/1,618... nombre phi qui est le fameux nombre d'or des artistes. En mettant en rapport deux chiffres consécutifs de n'importe quel endroit dans la série, on peut par exemple obtenir un rectangle d'or aux dimensions de 3 sur 5, ou de 5 sur 8, ou de 8 sur 13, etc. Mais revenons à nos moutons : quel chiffre suivra le 13 ?

Si vous avez répondu 21, vous avez raison, car chaque nombre nouveau de la série est l'addition des deux nombres précédents. Il arrive en effet que, en sciences exactes, il n'y ait qu'une bonne réponse... Mais ce n'est pas toujours le cas : même en sciences exactes les « élèves » créatifs arrivent à trouver de nouvelles réponses à un problème classique.

1.2.5 Créatifs, rentrez dans le rang !

Voici une histoire que j'ai entendue il y a plusieurs années à l'Université Laval, mais dont j'ignore la provenance. La question suivante était posée à des étudiants en physique : « Comment trouver la hauteur d'un édifice à l'aide d'un baromètre ? »

La bonne réponse classique est celle-ci : « Sachant que la pression barométrique décroît avec l'altitude, je ferais une lecture de la pression marquée au baromètre à hauteur de sol, chiffre dont je soustrairais la lecture faite au sommet de l'édifice ; la différence me révélerait la hauteur de l'édifice. »

Une étudiante inventive proposa une autre réponse : « J'irais voir le concierge et je lui dirais : "Vous voyez ce baromètre ; si vous me dites la hauteur de votre édifice, je vous le donne." » Le professeur, qui n'avait pas le sens de l'humour, considéra cette réponse comme un affront et fut tenté de couler l'étudiante, mais sachant que, au sens strict, elle répondait à la question, il l'invita plutôt à une reprise en précisant sa question : « Trouvez la réponse en faisant appel à des notions de physique. » L'étudiante donna alors la réponse suivante : « Je monterais sur le toit de l'édifice et je lancerais le baromètre en bas en chronométrant le temps de chute. Appliquant alors la loi de chute des corps de Newton-Galilée, je connaîtrais la hauteur de l'édifice. »

Vaincu, le professeur lui accorda ses points mais, curieux, il lui demanda si elle connaissait d'autres échappatoires à sa question initiale. L'étudiante lui répondit que oui, elle en connaissait d'autres et elle en mentionna quelques-unes : « Je pourrais me servir du baromètre comme d'une règle graduée et, au soleil, mesurer son ombre portée ; mesurant ensuite l'ombre portée de l'édifice, je pourrais en déduire sa hauteur avec une simple règle de trois. Je pourrais encore me servir du baromètre comme d'un outil à reporter et, à partir du sol, je pourrais reporter le baromètre sur le mur autant de fois qu'il le faudrait jusqu'au sommet de l'édifice que j'atteindrais par les cages d'escalier. » Elle ajouta finalement : « Je ne connais pas toutes les réponses à cette question ; je suis sûre qu'il y en a d'autres. » Voilà une personne qui, bien qu'en sciences exactes, ne se contentait pas de *la* bonne réponse : elle croyait en la créativité.

Ah ! la punaise...
*Pouvez-vous réussir à placer
10 punaises sur un tableau
d'affichage de telle sorte
qu'elles seront disposées
en 5 alignements
de 4 punaises ?*

1.2.6 La force de l'habitude

Ce qui est terrible, c'est que nous agissons le plus souvent comme des automates, manquant d'imagination de façon flagrante. Ce qui est pire encore, c'est que souvent les « réponses apprises » ne s'appliquent plus à une situation donnée.

Prenons un exemple. Les architectes ont tous appris comment construire des salles de spectacles : sol en pente, fosse d'orchestre, rideaux de scène, etc. Le problème commence quand la salle sert exclusivement aux projections cinématographiques... et que l'on continue à construire des scènes avec rideaux rouges qui servaient originellement à cacher au public les préparatifs des comédiens. Persister à accrocher des rideaux dans une salle de cinéma devient bête à la fin !

Il faut rompre avec nos habitudes si elles ne sont plus appropriées. Aussi faut-il en faire une évaluation de temps à autre. Il n'est pas rare que des gens décident de mettre toutes leurs énergies sur un objectif. Puis, le temps passant, l'objectif change, mais on oublie de réévaluer les tâches intermédiaires que l'on avait programmées pour atteindre l'objectif.

Il en va ainsi dans une carrière. On se fixera comme objectif d'être reconnu excellent par ses pairs. Pour y arriver, on décidera d'investir l'essentiel de ses énergies : 70 heures de travail par semaine. Un jour, il nous apparaît évident que l'on a atteint la notoriété : un sentiment de fierté nous étreint le cœur. Puis, les années passant, les besoins changent, comme l'a démontré à satiété le grand psychosociologue Abraham Maslow : des besoins de sécurité, on passe aux besoins d'épanouissement. Mais sans que cela soit nécessaire, comme sur une erre d'aller, on continue d'hypothéquer 70 heures de sa vie chaque semaine à accomplir des tâches professionnelles. C'est alors que l'imagination créative pourrait être d'un grand secours. Malheureusement, comme je l'ai démontré dans *La segmentation des marchés et la comportementalité,* plus de 35 % des gens sont des *inertes,* incapables de changer leurs façons de faire, leurs attitudes, leurs façons de penser. Pourtant, encore une fois, l'imagination créative est une ressource essentielle pour tout être humain, essentielle pour sa survie dans un monde changeant.

En effet , même le réel – objectivement et scientifiquement réel – est tel seulement jusqu'à ce qu'un autre impose sa vision des choses aux autres. C'est ce qu'Einstein fit en 1905, année où il déposa son mémoire sur la relativité restreinte, ce qui remit en question la vision de l'univers tel qu'on le concevait depuis Newton. Depuis lors, il n'y a plus de distinction claire entre espace et temps, entre matière et énergie, $E = mc^2$, ce qui donna la bombe atomique ! Henry Eyring pensait « qu'une partie du génie d'Einstein venait de son incapacité à comprendre ce qui était (pour les autres) évident ». Voilà ce que c'est que d'être créatif.

Exercice 4

Des crayons collants
*Comment disposer six crayons
pour que chacun de ceux-ci
touche à chacun des cinq autres ?*

1.3 Qu'est-ce que la créativité ?

Cette créativité dont nous parlons depuis le début de ce chapitre, comment pourrions-nous la définir ? On essaiera d'en comprendre l'essence en invitant nombre de grands esprits à un immense remue-méninges.

La créativité, c'est la rencontre d'un être humain intensément conscient avec son milieu.
Le psychologue Rollo May

Il est évident que la découverte ou l'invention, que ce soit en mathématiques ou partout ailleurs, survient en combinant des idées.
Le mathématicien Jacques Hadamard

La créativité, c'est cette disposition à reconnaître les innovations valables.
Le sociologue H. D. Laswell

Une soupe de première classe possède plus de créativité qu'une peinture de deuxième classe.
Le psychosociologue Abraham Maslow

La créativité, c'est l'habileté de *voir* (ou d'être conscient) et de *répondre* conséquemment.
Le psychologue Erich Fromm

La créativité consiste à réaliser qu'il n'est pas nécessairement vertueux de faire les choses de la façon dont elles ont toujours été faites.
Le linguiste Rudolf Flesh

Le processus créatif, c'est l'émergence en pleine action d'une nouvelle réalité avec laquelle on est en relation, réalité qui a surgi du fin fond de son individualité propre.
Le psychologue Carl B. Rogers

Le stand disparu

Un visualiste a conçu pour vous un stand modulaire en vue d'un événement important auquel vous participerez bientôt. Avec 25 panneaux, il réussit à délimiter huit espaces.

Au moment de monter votre kiosque, quelques heures avant l'ouverture de la grande exposition, vous vous rendez compte que trois panneaux sont manquants. Vous appelez votre visualiste au secours.

Créatif comme pas un, il réussit à reconstituer vos huit espaces avec seulement 22 panneaux.

Comment votre visualiste s'y est-il pris ?

1.3.1 La personne créative

Entendons-nous sur une définition. La créativité, **c'est cette capacité de produire nombre de propositions intuitives ou logiques à un problème spécifique posé**. Edward De Bono, dans son livre *Réfléchir mieux,* appelle cela « réfléchir avec efficacité ». Une personne qui sait réfléchir efficacement est certaine qu'elle saura trouver, grâce à ses ressources intérieures, des propositions nombreuses au moment opportun. Peut-être ne trouvera-t-elle pas immédiatement une solution parfaite au problème posé, mais elle sait au moins poser le problème ; elle prend le temps d'explorer. Elle est persuadée que l'exploration la mettra sur des pistes.

La personne créative n'est pas blindée de suffisance. Elle n'est pas convaincue d'avance qu'elle a raison, qu'elle détient *la* bonne réponse. Si elle était convaincue, elle ne chercherait même pas... exactement comme font la majorité des gens. La personne créative est humble, disponible ; elle écoute, est toujours prête à s'instruire. Elle sait qu'elle trouve davantage de solutions en écoutant qu'en parlant. « La parole est d'argent mais le silence est d'or. »

1.3.2 Quelques techniques de créativité

Nous venons de parler de la personne créative comme si certaines personnes ne l'étaient pas. Nous sommes pourtant tous des créatifs en puissance. Pour développer notre créativité, il suffit de faire appel à des méthodes éprouvées de stimulation de l'esprit créatif. Nous en verrons quelques-unes en détail plus tard. Pour le moment, essayons de voir sur quelles bases théoriques s'appuie cette affirmation.

On peut affirmer que les recherches fondamentales sur la créativité se sont déroulées à trois moments bien précis, à la suite d'un engouement qui s'est chaque fois éteint.

1re phase 1925-1930 : période où les psychologues profondeuristes (Freud) et gestaltistes (Köhler), puis les pédagogues (Dewey) se sont intéressés au sujet.

2ᵉ **phase 1960-1965 :** période où l'on a tenté d'appliquer ces connaissances dans la pratique, en publicité (Osborn), en apprentissage (Torrance), en psychologie sociale (Skinner), en développement personnel (Fromm, Maslow, Rogers) et en arts (Jung, Leary).

3ᵉ **phase : depuis 1985 :** période où toutes ces notions sont reprises pour y rechercher des voies vers l'excellence, l'efficacité et l'épanouissement dans toutes les sphères de la vie (Koestler, De Bono, Buzan, Rapaille).

En réalité, les approches de la créativité sont diverses et se fondent sur des postulats variés :

a) *L'approche rationnelle (cognitive)* : découlent de ce postulat l'approche séquentielle rationnelle de la résolution de problème et la bissociation créative avec leurs séances d'entraînement ;

b) *L'approche de la psychologie humanistique* : découlent de ce postulat les ateliers de croissance personnelle (aspect psychologique) et de libération du corps ;

c) *L'approche profondeuriste* : découlent de ce postulat les longues séries de séances d'introspection avec leur allure un peu paternaliste ;

d) *L'approche environnementale (inné/acquis)* : découlent de cette approche la mise en place de cadres stimulants adaptés aux individus, les procédures de punitions/récompenses de type behavioriste ;

e) *L'approche psychédélique* : découlent de cette approche l'utilisation de drogues hallucinogènes avec « guides » ou l'appel à des gourous (l'approche « religieuse »).

Bref, pour ceux qui s'intéressent à cette question, les ressources pour stimuler la créativité ne manquent pas. En fait, on peut les répartir sommairement en deux groupes :

Les méthodes de longue haleine, qui tentent de modifier la personnalité en profondeur, pensant arriver à rendre l'individu plus épanoui, plus autonome et donc plus créatif ;

Les méthodes éclair, qui veulent seulement fournir des trucs permettant sur-le-champ de générer des idées nouvelles répondant à un problème posé avec précision.

Ce livre a justement pour but de vous initier à ces dernières techniques.

Sans casser des œufs ?

 evenons à notre question de départ : D'où vient la créativité ?

Plusieurs forces se conjuguent pour stimuler l'esprit créatif chez les humains. Le besoin de faire face à des situations qui surviennent dans le quotidien est sans doute la plus stimulante. En effet, chaque jour, les événements se présentent comme des situations problématiques dont il faut se sortir, des culs-de-sac qu'il faut contourner, ou, plus simplement, des états de faits qu'on souhaite améliorer.

Grâce à sa créativité, l'entrepreneur qui doit vivre avec la pression de ses créanciers ouvrira tout à coup les yeux et trouvera une solution lui permettant, à la dernière minute, d'éviter de déclarer faillite. Grâce à sa créativité, un jeune qui veut, pour la première fois, partir en voyage sans ses parents, sera en mesure de présenter à ceux-ci des arguments si crédibles qu'ils auraient impressionné son professeur de logique à l'examen de fin de trimestre. Grâce à sa créativité, l'automobiliste qui tente de rejoindre l'amour de sa vie deviendra subitement capable de redessiner un itinéraire en vue de contourner les bouchons de circulation ou les routes fermées par la tempête.

Par ailleurs, l'être humain simplement « bien dans sa peau » est normalement porté à la créativité. En effet, une fois ses besoins essentiels comblés, c'est en créant que l'humain a l'impression de vivre pleinement. Le milliardaire ne tire pas son plaisir à posséder une Rolls-Royce ou un magnifique château dans les Laurentides, mais à réussir un nouveau coup fumant plus astucieux encore. C'est pourquoi ceux qui n'ont pas besoin de créer pour survivre, ceux qui sont nés avec de l'argent plein les poches, par exemple, sombrent souvent dans l'insignifiance quand ce n'est pas dans la désespérance. À moins, évidemment, qu'ils se donnent de nouveaux défis. Par exemple, Jean Vanier, fils de gouverneur général du Canada et professeur de philosophie, s'est fixé comme objectif de vivre avec les handicapés mentaux... et de les aimer.

Par contre, ceux qui ont la chance d'être actifs dans leur domaine préféré, ceux qui peuvent s'exprimer et s'accomplir dans une tâche n'ont plus besoin de distinguer travail et loisir. Ils ne voient plus le travail comme une corvée, un gagne-pain, mais comme un lieu d'épanouissement, de réalisation, bref de création.

On peut choisir de considérer tout obstacle comme un défi à sa propre créativité. On peut éprouver du plaisir à trouver des solutions nouvelles devant toute situation. La personne qui vit ainsi découvre alors sa propre récompense dans la créativité.

Or, la créativité est aussi une habitude qui s'acquiert. On peut *apprendre* à créer. Comme le hockeyeur passionné qui analyse des matchs ou lit les biographies de Wayne Gretzky ou de Guy Lafleur, comme le peintre décidé qui reproduit les œuvres de Van Gogh ou de Pellan et s'intéresse à des films comme *Camille Claudel*, le passionné de créativité lit les livres qui approfondissent le sujet, fréquente les cours de formation ou... s'amuse à résoudre les énigmes et autres problèmes auxquels la vie le confronte.

Ne l'oubliez pas, la créativité est avant tout un *état d'esprit*.

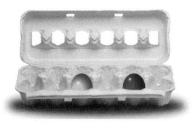

LES DÉDALES
DU CERVEAU DROIT

*Il est prévu que tout être humain ait son caractère propre,
soit ce que personne d'autre n'est, et fasse ce que personne
d'autre ne peut faire.*

WILLIAM ELERY CHANNING
THÉOLOGIEN AMÉRICAIN

Nous allons essayer de remonter aux sources de la créativité. La créativité n'est qu'une façon d'appliquer son intelligence à résoudre des problèmes nouveaux ou à résoudre les problèmes anciens de manière nouvelle.

Expliquer le fonctionnement de la créativité, c'est expliquer le fonctionnement de l'intuition et, finalement, de la raison comme telle. On peut d'ores et déjà imaginer que le cerveau est la source de la créativité.

2.1 Nos deux cerveaux

Depuis la Renaissance, on sait que notre cerveau est constitué de deux hémisphères, deux moitiés du cerveau. Comment fonctionne ce cerveau ? On n'en savait alors peu de choses. Quant aux Anciens, ils précisaient indifféremment la source de la vie dans la poitrine ou dans le ventre, mais peu d'entre eux avaient pu imaginer le rôle clé du cerveau.

Au siècle dernier, le médecin français Pierre-Paul Broca avait pu montrer que les deux hémisphères étaient plus ou moins spécialisés : le gauche pour la parole et le droit pour les « images ». L'hémisphère gauche gère donc les fonctions liées au temps, au déroulement séquentiel, et l'hémisphère droit, celles liées à l'espace, à la perception globale.

Ainsi, une blessure à l'hémisphère gauche provoquera des incohérences de langage, tandis qu'une blessure à l'hémisphère droit entraînera des incohérences dans la perception spatiale (une personne ainsi atteinte ne peut plus reconnaître les visages en dépit du fait que ses autres facultés mentales soient intactes). Maintenant, on sait que l'hémisphère gauche traite l'information qui contrôle la partie droite de notre corps, tandis que l'hémisphère droit traite celle de l'autre côté.

Les deux hémisphères ne travaillent cependant pas indépendamment : ils sont interconnectés par le corps calleux constitué de 200 millions de fibres nerveuses. Le corps calleux est un véritable ordinateur qui transmet de l'information, d'un hémisphère à l'autre, au rythme de quatre milliards à la seconde.

Du « spagh » dur à cuire
Avec huit spaghettis de taille identique,
pouvez-vous tracer une figure
géométrique complexe comprenant
quatre triangles et deux carrés ?

2.1.1 Nos intuitions sont fondées !

Les travaux de Broca ne marquaient que le début d'une longue lignée de recherches faites par divers spécialistes du cerveau. Au début des années 60, le biologiste et prix Nobel californien Roger Sperry étudie 16 patients dont le corps calleux avait été sectionné pour des raisons médicales. Dans une suite d'expériences et de démonstrations, il prouve de manière définitive ce qu'on n'avait jusque-là qu'entraperçu, soit que les hémisphères étaient spécialisés.

Résumons l'une de ces démonstrations abasourdissantes. Devant chaque œil du candidat au corps calleux sectionné, on projette une image différente : à gauche, un signe de dollar et à droite, un point d'interrogation. Puis, on demande au sujet d'écrire de la main gauche ce qu'il a vu. Il dessine alors un signe de dollar, puisque aucune interconnexion ne fonctionne entre les deux hémisphères, sa main gauche ne peut recevoir que les informations venant de l'œil gauche. Pourtant, quand on lui demande de dire ce qu'il vient de dessiner, le sujet répond : « Un point d'interrogation. » Cela se comprend très bien : l'œil droit et la parole sont contrôlés par l'hémisphère gauche.

Cette constatation permet de faire apparaître à l'horizon une explication biologique de « l'intuition », faculté si souvent mise à profit en créativité.

Comment pourrions-nous pressentir intuitivement des événements, des solutions à des problèmes ? Comment expliquer ce 6e sens ? Comme ceci : notre cerveau droit reçoit certainement des informations que notre cerveau gauche ne peut traiter par le raisonnement linéaire à cause de la difficulté pour les deux cerveaux d'échanger parfaitement leurs informations spécifiques ; celles-ci sont de nature différente et ne peuvent donc pas être traitées parfaitement par l'autre hémisphère.

On peut voir se dessiner ici l'explication biologique des perceptions intuitives. Cependant, les intuitions peuvent aussi être expliquées par la psychologie : elles seraient alors tout simplement des « signaux subliminaux », des perceptions qui se situent juste au-dessous du seuil de perception consciente.

Des « intuitions », nous en avons tous un certain nombre dans une journée. Je vous raconte une anecdote. Je m'étais dit, en voyant le tricycle dans l'entrée de garage, que je ferais mieux de le ranger au cas où... Puis, je suis entré sans rien faire. Pressé par les tâches quotidiennes et repartant en coup de vent avec la voiture, je suis arrêté sec par un cri : j'allais faire marche arrière sur un bambin à tricycle. « J'en avais eu l'intuition ! » lancé-je. En fait, quand j'avais aperçu le tricycle, j'avais prévu tout le scénario en un instant, mais tout de même consciemment.

Aussi ne faut-il pas exagérer cette dichotomie cerveau gauche/cerveau droit : une personne normale pense *concurremment* avec ses deux cerveaux. On ne peut évidemment pas savoir si la lumière qui frappe notre esprit en face d'un problème vient plus de l'un que de l'autre.

Par ailleurs, il ne faut pas non plus confondre incohérence logique et intuition. Certaines personnes sont incapables de penser avec cohérence, d'aligner un raisonnement logique, et elles s'en défendent en prétendant penser sur le mode intuitif. Elles tentent ainsi de faire passer leur faiblesse pour de la créativité. Mais un mauvais penseur rationnel n'est pas forcément un bon penseur intuitif. Celui qui dit blanc et noir dans la même phrase est peut-être un impulsif (ou un asiatique !), mais pas nécessairement un créatif.

2.1.2 Un demi-cerveau dans le formol

On sait que le formol sert à conserver des organismes morts. On sait que depuis le siècle des Lumières, on tend à décrire tout organisme social comme un système cohérent, cette cohérence lui venant de notre capacité de le décrire en des termes logiques.

De manière cybernétique, un tel système tend à valoriser le « cerveau de l'analyse et de la parole », soit le cerveau gauche. Dans les sociétés modernes, l'intelligence rationnelle est valorisée. Sous l'angle antithétique, on peut dire que la socialisation a mis « l'autre cerveau » – le cerveau droit, celui de l'image et de la synthèse – en veilleuse. Les humains modernes se trouvent donc tous plus ou moins amputés d'un cerveau. Et c'est là que surgit la nécessité des techniques de créativité : nous faire recouvrer l'usage de notre deuxième cerveau, celui des appréhensions globales, de l'inventivité.

Peut-on vraiment savoir lequel des deux cerveaux est le plus important pour une personne donnée ? Peut-on continuer de penser comme le commun des mortels que les artistes créent grâce à leur intuition et que les scientifiques trouvent grâce à leur intelligence rationnelle ? Le Français Jacques Hadamard a mené une enquête sur la créativité des mathématiciens dont il a fait état dans son livre *The Psychology of Invention in the Mathematical Field*. Il conclut que 83 % de ces scientifiques se fient à leur intuition dans une mesure plus ou moins grande selon le cas. L'immunologiste Jonas Salk, celui qui a mis au point le vaccin contre la paralysie infantile épidémique qui était devenue la phobie des parents des années 50, disait : « Je me lève en me demandant quelle surprise va me faire mon intuition. Je collabore avec elle et je lui fais pleinement confiance. »

Si certains laissent la moitié de leur cerveau inactif dans le formol, d'autres profitent au maximum de cette deuxième ressource.

Il ne faut plus imaginer que devenir adulte, grandir, prendre de la maturité, c'est quitter l'enfance et ses facultés de rêverie, de fantaisie, d'émerveillement. La maturité ne doit pas être une détérioration, mais un progrès. Le psychologue Philip Goldberg faisait remarquer ceci dans son livre *L'intuition* : « Si l'insistance avec laquelle on pousse les enfants d'un certain âge à privilégier la pensée formelle risque d'émousser leurs facultés intuitives ou d'en retarder le développement, ces facultés n'en sont pas pour autant éliminées. Il est vraisemblable au contraire qu'elles continuent de gagner en importance même si elles ne se déploient pas pleinement, car l'idéation n'est jamais purement rationnelle. En fait, la raison semble jouer le rôle d'un additif qui vient potentialiser l'intuition. »

Il est cependant difficile de garder de l'enfance l'esprit de naïveté, de confiance, d'abandon, de fusion. En accord avec tous les gourous de toutes les mystiques, Jésus rappelait : « Vous n'accéderez pas au royaume de l'Amour si vous n'êtes pas comme un petit enfant. » C'est avec cet esprit-là que les yeux s'ouvrent, que le monde tout entier se livre à notre appréhension.

Exercice 7

Le carré magique

Il existe 880 possibilités de placer les chiffres de 1 à 16 pour constituer un « carré magique » à 16 cases ayant 34 pour somme, comme celui présenté à droite ci-dessous.

Prenez maintenant celui de gauche. Il comprend neuf cases.

Pouvez-vous y placer les chiffres de 1 à 9 de telle sorte que le total dans toutes les rangées (verticales, horizontales et diagonales) soit toujours de 15 ?

Au fait, sachez que, dans ce cas-ci, il n'existe qu'une seule possibilité ! À moins que...

					1	12	8	13
					6	15	3	10
					11	2	14	7
					16	5	9	4

● ● ● ● ● ● ● ● ● ● ● ● ● ● ● ● ● ●

2.2 Le quotient intellectuel

Trop de gens assimilent encore souvent *intelligence* avec *capacité de raisonnement*. On a pourtant souvent rapporté les exemples d'éminents savants incapables de résoudre les problèmes simples de la vie et, à l'opposé, on a mis en lumière des gens « de gros bon sens », capables d'obtenir l'assentiment de tout leur entourage. Il y a donc intelligence et intelligence...

Si, au sens habituel, le mot *intelligence* fait référence à la seule capacité de raisonner avec logique, cela est dû à plusieurs facteurs historiques, dont l'usage étendu des tests dits « d'intelligence ».

2.2.1 Les tests d'intelligence

Comment fonctionnent donc ces fameux tests d'intelligence que l'on fait passer aux écoliers ou que de grandes entreprises utilisent pour sélectionner leur personnel ?

Le premier de ces tests fut mis au point par le psychologue français Alfred Binet en 1910. L'État français avait exigé que tout enfant soupçonné de déficience soit évalué objectivement avant d'être inscrit en classe spéciale. Binet avait alors proposé le test Binet-Simon, son « échelle métrique de l'intelligence » qui définissait ce qu'on a appelé par la suite « l'âge mental ». L'âge mental, c'est l'âge intellectuel d'un individu assimilé à un groupe d'âge donné. Par exemple, avoir un âge mental de sept ans, c'est avoir une intelligence développée comme la moyenne des jeunes de sept ans.

Petit à petit par la suite, on s'est mis à faire référence au quotient intellectuel. Qu'est-ce donc que ce « quotient » ? Le quotient, c'est l'âge mental en mois divisé par l'âge chronologique en mois, puis multiplié par 100. Disons que nous avons affaire à un jeune cégépien de 16 ans (192 mois) qui démontre un âge mental comparable à un groupe de jeunes de 20 ans (240 mois). On pourra dire de ce jeune qu'il est doté d'un quotient intellectuel de 125 (soit [240 – 192 = 1,25] x 100 = 125).

Évidemment, de nos jours, des tests plus subtils destinés aux adolescents et aux adultes ont été mis au point. Tous ces tests ont deux points en commun : les épreuves sont standardisées et elles sont étalonnées, c'est-à-dire que les résultats individuels sont comparés avec ceux d'un échantillon de référence. Le chiffre 100 est donc le point médian : dans un groupe donné, 50 % des individus ont un quotient inférieur à 100, et 50 % ont un quotient de 100 et plus. La distribution se fait ainsi : près de 25 % ont entre 100 et 110 ; près de 15 %, entre 110 et 120 ; près de 7 %, entre 120 et 130. Le dernier 3 % a un quotient supérieur à 130 ; les personnes qui appartiennent à ce groupe sont considérées comme des cerveaux (!).

2.2.2 Le miroir aux alouettes de Mensa

On connaît l'existence de la société Mensa (du latin *esprit*), qui fut fondée à Londres à partir d'une idée du célèbre psychologue Cyril Burt. Cette société prétend rassembler les gens supérieurement intelligents. En fait, le seul critère d'admission est la passation d'un test « d'intelligence » qui détermine le 2 % de la population qui a un quotient intellectuel supérieur à 132.

Mais qu'est-ce que l'intelligence ? Ne nous en laissons pas imposer : c'est ce qu'un test d'intelligence donné évalue, rien de plus. Or, comme l'a si bien résumé le prestigieux psychologue américain R.-B. Cattell dans un article de *Psychology Today*, « la société Mensa se trouve en face d'un dilemme qui souligne les problèmes posés par nos méthodes d'appréciation de l'intelligence. L'expérience a montré que sur quatre candidats sélectionnés au moyen d'un type de test d'intelligence, trois échouaient à un second test ; sur quatre choisis par le second test, trois n'obtenaient pas une note satisfaisante au premier test. » Cela donne à réfléchir... Peut-on disposer d'un test d'intelligence fiable ?

Depuis Binet jusqu'à Spearman, qui avait mis au point l'analyse factorielle pour valider les tests d'intelligence, on continuait de penser que l'aptitude à dégager des relations était *le* facteur clé pour mesurer l'intelligence. Pourtant, on avait déjà remarqué la faiblesse de ce facteur pour mesurer l'aptitude musicale ou le talent de dessinateur. Les artistes sont dotés d'une intelligence différente que les tests ne savent pas évaluer.

Exercice 8

La plume et le plomb
Le grand savant italien Galileo Galilei (XVIe siècle) a démontré que les objets lourds tombent plus vite que les objets légers.

Imaginez que je vous confie un lingot d'or et une plume d'oie.
Si je vous demande de les laisser tomber du haut d'un édifice de 50 étages,
la plume, cela va de soi, tombera moins vite que le lingot.

Coulez maintenant la plume dans le lingot et recommencez l'expérience.

Le nouvel objet (plume et lingot agglomérés) tombera-t-il plus vite que la plume d'oie seule (le lingot entraînant la plume) ou plus lentement qu'un lingot d'or seul (la plume freinant le lingot) ?

2.2.3 L'intelligence est fluide ou cristallisée

La plupart des experts pensent aujourd'hui que l'intelligence prend plusieurs formes, de telle sorte qu'un seul test ne peut pas les évaluer toutes adéquatement. Cattell, quant à lui, pense qu'il y a deux sortes d'intelligence : l'intelligence fluide, qui sait s'adapter aux situations nouvelles, et l'intelligence cristallisée, qui s'appuie sur ce que l'on a appris. Voilà qui rejoint ce que le grand philosophe et mathématicien Blaise Pascal identifiait déjà en 1647 dans ses *Pensées* comme une opposition devenue célèbre : l'esprit de finesse et l'esprit de géométrie.

L'intelligence cristallisée, c'est le jugement appris révélé par la richesse de vocabulaire, l'emploi correct de synonymes, l'habileté à manipuler des chiffres, l'expérimentation mécanique, la mémoire organisée, l'habitude de raisonner logiquement. En d'autres mots, ce sont tous les indices qui permettent au commun des mortels de juger une personne comme intelligente. Mais est-ce que seules ces personnes sont vraiment intelligentes ? Non, bien sûr.

L'intelligence fluide constitue aussi une forme d'intelligence. Cette intelligence est révélée quand on utilise des tests de perception ou de performance où les connaissances acquises sont peu importantes. Cette forme d'intelligence est surtout efficace dans le raisonnement spatial et le raisonnement inductif.

Il est intéressant de savoir que le degré d'intelligence fluide est, après l'âge de 14 ans, à peu près constant chez un individu. Évidemment, pour ce qui est de l'intelligence cristallisée, elle croît constamment avec l'âge. Par ailleurs, l'intelligence fluide non entretenue tend à décroître à partir de l'âge de 22 ans... C'est donc quand on est jeune que l'on est le plus inventif, que l'on trouve le plus facilement des solutions aux problèmes que nous cause l'environnement. Plus tard, seul un petit pourcentage d'individus continueront à démontrer de la créativité.

Dans les tests d'intelligence fluide, des marins ou des fermiers sans instruction ont obtenu des scores plus élevés que la moyenne des professeurs. En fait, ce sont ces gens de gros bon sens qui épatent l'entourage en dénouant un enchevêtrement de fil de fer ou en devinant les mobiles qui animent leurs interlocuteurs. Ce sont souvent des joueurs nés qui savent déjouer les stratégies des adversaires mieux que les diplômés du défunt Collège militaire royal de Saint-Jean. Vous savez, ces sergents qui, dans les films de guerre, sauvent la vie de leur lieutenant qui ne sait qu'appliquer les leçons apprises...

On aura deviné que l'intelligence fluide s'apparente à ce que l'on appelle ordinairement l'intuition.

2.3 Le monde de l'intuition

2.3.1 Des écoles d'art sans artistes...

Le sens intuitif, les capacités créatives, l'inventivité, cela n'apparaît pas au bulletin d'un étudiant : les résultats scolaires se fondent en grande partie sur la capacité d'acquérir des connaissances et de les retenir, sur l'intelligence cristallisée. C'est d'ailleurs particulièrement désastreux quand le critère d'admission fondamental dans les écoles d'art est le rang scolaire. Aussi bien dire qu'on y admet davantage ceux qui ont été efficacement socialisés, qui ont démontré leur capacité de se mouler à la banalité plutôt que leur esprit d'inventivité. Et ça, c'est tout le contraire d'un artiste !

C'est alors qu'intervient l'idée de donner des cours de créativité aux étudiants des écoles d'art. Les artistes doivent recourir à cette intelligence fluide que nous appelons communément l'intelligence créative. Mais la créativité, on l'a dit, est utile à tout le monde. C'est vrai pour les créateurs de métier qui assument la tâche de proposer des idées nouvelles, mais c'est aussi vrai pour tout citoyen actif. Quel entrepreneur peut réussir sans créativité ? Quel professeur peut stimuler ses élèves sans créativité ? Quel professionnel peut solutionner les problèmes complexes auxquels il est confronté sans créativité ? Quel ouvrier peut s'adapter aux environnements fluctuants sans créativité ?

2.3.2 Un test de créativité

Nous parlerons plus loin de méthodes pour stimuler la créativité. Toutefois, pour évaluer l'efficacité de ces méthodes, il faudrait disposer d'un test qui mesurerait la créativité d'un groupe *sans* l'utilisation de la méthode et qui la mesurerait *avec* l'utilisation de la méthode. Un tel test existe : c'est le test de créativité de E. Paul Torrance, dont l'adaptation française a été réalisée et publiée aux Éditions du Centre de psychologie appliquée de Paris.

Éminent chercheur de l'Université de Géorgie, Torrance a consacré de nombreuses années de sa vie à cerner ce qu'est la créativité. Voici comment Torrance définit la créativité : « La créativité est un processus par lequel on devient sensible à des problèmes, des manques, des lacunes, à l'absence de certains éléments, aux dysharmonies ; un processus par lequel on identifie la ou les difficultés ; un processus par lequel on recherche des solutions, on fait des conjectures ou formule des hypothèses ; un processus par lequel on teste et teste encore ces hypothèses (le tâtonnement expérimental) et, éventuellement, modifie et teste de nouveau ces modifications ; et finalement c'est un processus par lequel on communique les résultats. » Pour Torrance, la créativité est donc une faculté qui s'applique à la résolution de problèmes concrets.

Les épreuves du test développé par Torrance se divisent en deux séries : les **jeux verbaux** et les **jeux de dessin**.

Les jeux verbaux sont au nombre de sept. Les trois premiers se font autour d'un dessin qui représente un personnage flou dans une situation floue. On demande alors :

1. De poser les questions qui permettent d'apporter toutes les précisions nécessaires ;

2. De trouver les causes à la situation présentée ;

3. De trouver les conséquences. Les autres jeux sont les suivants :

4. On propose un jouet en peluche et on demande de suggérer toutes les transformations susceptibles de le rendre plus intéressant ;

5. On propose un objet usuel (une brique, un couteau, etc.) et on demande d'inventorier toutes les utilisations possibles ;

6. On invite les participants à poser toutes les questions qui leur viennent à l'esprit concernant le même objet usuel ;

7. On propose une situation imaginaire (par exemple, le Québec est désormais couvert de 3 mètres de neige, 12 mois par année) et on demande de faire le tour de toutes les conséquences de ce phénomène.

Les jeux de dessin sont au nombre de trois.

1. On présente une forme de couleur à coller sur une page et on demande d'effectuer un dessin avec cette forme ;

2. On fournit une série de 10 dessins incomplets qu'on demande de parachever ;

3. On présente des séries de formes géométriques (une série de cercles, par exemple) et on demande de créer le plus de dessins différents avec chaque série.

2.3.3 Les critères de créativité

On a défini quatre critères qui sont révélateurs de la créativité d'un individu. Contrairement à la croyance populaire, il ne suffit donc pas d'afficher des idées « originales » pour être créatif.

Ces quatre critères sont la productivité idéationnelle, la flexibilité, l'originalité et la complexité.

La *productivité idéationnelle* est cette capacité de générer un grand nombre d'idées reliées à un problème donné, ce qui est la définition même de la créativité, selon Osborn (*L'imagination constructive*). Est créative la personne qui ne se contente pas d'une seule idée, de la première idée venue, mais qui ne se satisfait qu'après avoir aligné une, puis deux, puis tant et tant d'autres idées.

La *flexibilité* est cette capacité d'explorer des avenues différentes dans une situation donnée. Est créative la personne qui sait colliger les idées par associations et glissements successifs, ce qui l'amène vers des grappes idéationnelles diverses, différentes et imprévisibles au départ.

L'*originalité*, on l'aura deviné, caractérise une proposition qui est différente des autres. Une idée est considérée comme originale quand moins de 5 % d'un groupe génère une telle idée dans une situation similaire. En ce sens, est créative la personne qui peut proposer des idées rares.

La *complexité* a trait au nombre de détails significatifs et non redondants dans la description d'une idée, détails qui contribuent à développer l'idée de base. Par conséquent, est créative la personne qui est capable d'enrichir une idée floue au départ au point où elle peut la rendre plausible aux yeux de ses interlocuteurs.

Pour résumer, on pourrait dire que la productivité, c'est la quantité, que la flexibilité, c'est la variété, que l'originalité, c'est la rareté et que la complexité est la multiplicité des détails.

Des objets bis

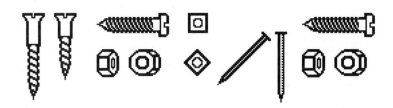

Voici une liste de 12 matériaux divers. Lancez deux dés.

*Dressez la liste la plus complète possible des divers objets que l'on pourrait construire en utilisant **les deux matériaux** désignés par le sort.*

1. Papier	2. Verre	3. Plastique	4. Cuir
5. Plomb	6. Or	7. Aluminium	8. Tourbe
9. Amiante	10. Acier	11. Sable	12. Eau

• • • • • • • • • • • • • • • • • •

2.3.4 L'individu créatif

Maintenant, on peut se poser la question suivante : Quels sont les traits de personnalité communs à tous les individus créatifs ? On ne peut prédire avec certitude que tel individu le sera et que tel autre ne le sera pas. Toutefois, les recherches contrôlées qui ont été menées en ce domaine démontrent que plusieurs traits se retrouvent chez un grand nombre d'individus créatifs. On peut donc conclure que si une personne donnée possède plusieurs des traits énumérés ci-après, on a de plus grandes chances de trouver chez elle des comportements créatifs que chez une autre qui n'en possède aucun ou qui n'en possède que quelques-uns.

Alors, quelles sont les qualités d'un individu créatif ? Un individu créatif est :

1. égocentrique, indépendant, solitaire ;
2. dominant, décisionnel, têtu ;
3. confiant, ouvert, empathique ;
4. curieux, sceptique, polyvalent ;
5. tolérant, serein, intègre ;
6. émotif, spontané, enthousiaste.

Plusieurs de ces qualités peuvent sembler contradictoires, et elles le sont jusqu'à un certain point ; en effet, comment être à la fois égocentrique et empathique ? sceptique et confiant ? Probablement que les gens créatifs n'y verront pas trop matière à problème ; les autres trouveront cette liste inutile...

1. Égocentrique, indépendant, solitaire

La personne créative ramène tout ce qu'elle rencontre sur son chemin à ses besoins du moment, à ce qui est susceptible de l'aider à régler son «problème». Elle sait manipuler les autres, les «utiliser» à ses fins. Elle jouit de la faculté de déceler, chez les personnes, dans les choses et dans les événements, des éléments qui l'intéressent. Le créatif est un organisme qui est poussé en avant par l'élan vital original; il fonce (aveuglément?), emporté par la vie.

Aussi est-ce un être indépendant: il existe «en soi». Il vit sans se soucier de son entourage, des qu'en-dira-t-on. Il ne lui vient pas à l'idée de changer pour s'adapter à l'environnement; il cherche plutôt à voir comment il peut changer l'environnement pour qu'il lui convienne. Il résiste fortement à la pression du groupe, aux conventions sociales; il remet en question les rôles sociaux.

Le créatif aime mieux s'isoler que de vivre dans un environnement qui n'est jamais assez bien adapté à son ego, lequel prend toute la place. Il finit par être considéré comme un *outsider* par tous les groupes humains avec lesquels il est en relation: trop pratique pour les théoriciens, trop intellectuel pour les sportifs, trop sensuel pour les puritains, trop religieux pour les hédonistes, etc. Bref, – même au milieu de la foule – il vit en solitaire et s'en trouve bien.

2. Dominant, décisionnel, têtu

En réalité, la personne créative jouit d'une personnalité dominante. Elle a confiance en elle-même. Elle connaît ses bons côtés comme ses mauvais, mais elle sait s'accepter comme elle est. Aussi cette assurance lui permet-elle d'assurer un certain ascendant sur ses pairs. Elle est souvent de fait élue comme leader. Elle sait entraîner les autres à sa suite. Elle sait unifier les volontés autour d'un projet commun.

La personne créative est une personne de décision. Elle ne s'embourbe pas dans les subtilités. Elle hésite peu, étant entraînée elle-même en avant par une espèce d'assurance qui provient de son propre élan vital. C'est une personne de décision: elle tranche avec aplomb. Pour elle, il est évident qu'il y a des cas où les éléments d'information ne permettent pas de décider avec un éclairage complet. «Il vaut mieux prendre une mauvaise décision que de ne pas en prendre du tout, ce qui serait encore une plus mauvaise attitude», pensent ces personnes.

Il arrive aussi que ces personnes créatives soient considérées comme têtues. «Elles écoutent avec gentillesse, semblent ouvertes, mais, finalement, n'en font qu'à leur tête», évaluent leurs proches. C'est que les créatifs sont mus par l'intérieur, attirés irrésistiblement par leur bonne étoile. Une fois engagés dans un choix, ils sont convaincus d'avoir raison et ils sont prêts à mettre toutes leurs énergies pour arriver à leurs fins; c'est pourquoi ils y arrivent! Les gens créatifs sont capables de soulever des montagnes pour mener à bien un projet et, effectivement, ils réussissent souvent à réaliser des œuvres qui semblaient irréalisables aux yeux des gens réalistes.

3. Confiant, ouvert, empathique

Une personne créative est une personne qui a confiance en elle-même et qui a confiance en la vie : elle a comme une certitude intérieure que la vie, c'est plus fort que la mort. Elle est confiante, globalement, si bien qu'elle est prête à prendre des risques. Elle est disposée, par exemple, à entretenir des relations avec des inconnus, des gens étrangers. Elle est persuadée que les projets entrepris seront menés à terme et elle agit de telle sorte qu'ils le soient, si bien qu'ils le sont effectivement.

Aussi la personne créative accepte-t-elle facilement les changements survenant dans son environnement, un nouveau cadre de vie ou de nouvelles relations personnelles : elle est ouverte au changement. Elle sait bien que tout change dans la vie, que seule la mort est statique. C'est une personne qui accepte facilement l'évolution sociale, quand elle n'en est pas elle-même le moteur. Évidemment, la personne créative est une personne sensible aux courants d'idées, aux modes, à l'évolution technologique, bref au changement sous toutes ses formes. Elle sait adapter ses comportements en conséquence.

La personne créative est souvent empathique. L'empathie étant cette faculté qu'ont certaines personnes de pouvoir se mettre dans la peau de l'autre, d'être capable d'adopter pour un moment son point de vue, de comprendre (et même d'accepter pour un moment) ses opinions, ses attitudes, ses comportements. La personne créative est empathique parce qu'elle est ouverte et sensible. Cependant, on pourrait presque dire que c'est une empathie égocentrique : c'est encore pour comprendre et connaître – et parce qu'elle comprend et connaît – qu'elle sait être empathique.

4. Curieux, sceptique, polyvalent

La personne créative est curieuse de tout. Elle furète partout. Tout est prétexte à creuser sa connaissance d'un sujet : livres, gens et événements. Quand elle s'intéresse à une question, elle veut tout savoir sur cette question : ses jours et ses nuits y sont consacrés jusqu'à ce qu'elle épuise le sujet. Quand elle lit, elle aime découvrir les préfaces et les postfaces, les notes marginales et infrapaginales, la publicité de couverture, la biographie de l'auteur, les critiques, tout l'intéresse. Quand elle croise quelqu'un (son voisin, le maire ou le sans-abri), elle veut connaître son passé, sa façon de voir le monde, d'exercer sa profession, de vivre ses passions. C'est une passionnée de la connaissance.

La personne créative approche tout cela avec un œil sceptique. Si elle prend connaissance de la position d'une personne sur une question donnée, l'importance qu'elle accordera à cette position sera pondérée en fonction des autres informations qu'elle aura accumulées sur l'auteur. Cette pondération sera faite de manière spontanée et intuitive d'ailleurs. Elle ne se laisse pas impressionner par les titres ronflants et le statut social de ses interlocuteurs : elle juge à la pièce. La personne créative aime se faire sa propre opinion des choses.

La personne créative est polyvalente : elle remet facilement en question sa position. Elle apparaît souvent même inconstante aux yeux des autres. « Vous aviez dit noir avec détermination l'autre jour, et voilà qu'aujourd'hui vous affirmez blanc avec la même assurance », lui reproche-t-on parfois. La personne créative raisonne selon une logique orientale où deux termes qui apparaissent opposés à un Occidental peuvent être affirmés concurremment. Le grand poète américain Walt Whitman disait d'ailleurs avec élégance :

Est-ce que je me contredis ?

Très bien alors, je me contredis.

Je suis vaste,

Je contiens des multitudes.

Cela est si vrai que la personne créative a tendance à changer ses comportements, à examiner avec un œil critique ses attitudes, à réajuster même son échelle des valeurs.

5. Tolérant, serein, intègre

La personne créative, on l'a vu, sait se regarder comme elle est. Elle se connaît, donc elle connaît les humains. Elle sait bien qu'ils sont à la fois forts et faibles, orgueilleux et timides, généreux et égoïstes... Par conséquent, la personne créative est tolérante. Elle ne pose pas de jugement tranchant sur les gens. Elle ne leur fait pas de procès d'intention. La personne créative sait faire son petit bonhomme de chemin sans se laisser arrêter par les commentaires désobligeants que l'on peut passer sur sa personne ou sur ses activités. « Bien faire et laisser braire » est sa philosophie. Elle ne prend pas parti dans les querelles de clans : il lui suffit de bien braire et de laisser faire...

En fait, la personne créative est sereine. Et à cause de cela, elle sait prendre le risque du jugement des autres. Il ne lui viendrait pas à l'idée d'agir en mouton : elle est prête à affronter le jugement du monde en défendant ses positions. Elle sait bien que, parce qu'elle marche, elle soulève de la poussière... qui va infailliblement finir par tomber dans l'œil de quelqu'un ! La personne créative pense et agit sereinement.

La personne créative est toujours en accord avec elle-même, si bien qu'elle est foncièrement intègre. Il ne lui viendrait jamais à l'idée d'agir selon les attentes des autres. Elle est authentique : elle n'obéit pas aux conventions, mais agit en fonction de ses convictions profondes. Si elle n'est plus capable d'agir selon les principes qu'elle a adoptés, elle ira jusqu'à changer ses principes pour qu'ils soient conformes à ses agissements. Parce qu'elle refuse les compromissions, la personne créative sera souvent qualifiée d'intransigeante, d'asociale. Elle est à la fois honnête et incorruptible. C'est un esprit indépendant. Elle vit en accord avec elle-même. En fait, elle est courageuse.

6. Émotif, spontané, enthousiaste

La personne créative est la plupart du temps une personne qui vit largement sur ses émotions. Elle a une sensibilité à fleur de peau. Elle a les larmes faciles et elle sait se libérer dans un large et profond rire. Elle est proche de son corps et de ses affects. Elle sait répondre aux exigences de son corps : elle n'est pas prise dans un carcan, comme le sont parfois les intellectuels ou les gens « bien élevés ». Le stress a donc plus de difficulté à prendre sur la personne créative : esprit, affects et besoins corporels sont vécus chez elle de manière unitaire. Elle n'est pas déchirée entre raison et passion, par exemple. Elle a une certaine facilité à former un tout harmonieux, si bien qu'elle agit spontanément.

La personne créative n'est pas un être de calcul. Quand elle aime quelqu'un, elle le manifeste ; quand elle hait quelqu'un, elle ne peut le cacher. Il en va de même pour ses autres champs d'intérêt. Elle est impulsive, projetée dans l'action par ses élans intérieurs ; elle admet facilement la présence du primitif, du naïf, du magique. C'est une personne dont les attitudes transparaissent à travers ses actes. C'est une personne qui vit dans le moment présent. Ses engagements antécédents sont toujours réévalués en fonction du présent.

L'individu créatif est enthousiaste. Certains diraient même qu'il a une tendance à l'hystérie. Plusieurs voient les créatifs comme des déséquilibrés : cyclothymiques, paranoïdes, schizoïdes. En tout cas, le créatif vit à fond ses « bibittes ». C'est souvent de cette disposition d'esprit que lui vient cette facilité à générer des solutions nouvelles à des problèmes anciens. Bref, le créatif s'enthousiasme pour tout, si bien qu'il est souvent son propre fan.

2.3.5 La différence entre le créatif et le non-créatif

L'éminent chercheur et pédagogue Benjamin S. Bloom de l'Université de Chicago a tenté de faire un portrait-robot des personnes créatives. Il a réparti en deux groupes un certain nombre d'universitaires : dans le premier étaient rassemblés ceux qui étaient considérés comme créatifs par leurs collègues et dans le second, ceux qui ne l'étaient pas. Puis, il a fait passer à tout le monde 27 tests différents. Deux caractéristiques statistiquement confirmées sont ressorties qui permettent de les accoler aux individus créatifs.

La première caractéristique est que les personnes créatives sont des travailleurs acharnés. Cet aspect est intéressant, car on imagine à tort que, chez les personnes créatives, les idées viennent toutes seules. Le fait est qu'elles viennent toutes seules, mais seulement dans les têtes en ébullition. C'est comme les marguerites : elles poussent toutes seules, mais seulement dans un milieu sec et calcaire. La personne créative est obsédée par les problèmes que lui pose la vie. Elle cherche des solutions continuellement, jour et nuit. Les personnes qu'elle rencontre, les événements qui surviennent, tout ce qu'elle vit est ramené par elle au problème/solution en germination. Les rêves même sont alors des lieux de recherche de solution. Pour la personne créative, le temps n'existe pas. Elle ne voit pas les heures passer : le temps file. Elle est concentrée sur la question qui lui fait problème. Elle ignore tout autour d'elle, si bien que ses proches se plaignent souvent d'elle : sa passion est tout ce qui l'intéresse ! Les solutions si originales et si personnelles qu'elle propose sont en réalité le fruit d'un labeur continu.

La deuxième caractéristique est que les personnes créatives sont des êtres asociaux. D'une certaine façon, c'est souvent vrai. Les personnes créatives font leur petit bonhomme de chemin seules. Elles abhorrent les rencontres sociales, superficielles. Quand elles rencontrent des gens, c'est pour y fouiller afin de découvrir quelque chose de nouveau, de profond, de différent. Ce sont des êtres profondément différents du monde ordinaire en ce que leur soif de solutions nouvelles à leurs questions – et tout est question pour eux – les prend totalement. Ce sont des indépendants.

Exercice 10

Une personne handicapée qui voit clair

Un entrepreneur québécois décide de se consacrer à l'insertion des personnes handicapées physiques sur le marché du travail. Il doit toutefois vérifier la créativité de ses employés.

Il les regroupe donc par trois et leur fait passer un test.

L'un des trios se présente; il est composé de trois personnes handicapées: un manchot, un borgne et un aveugle. L'entrepreneur les place **en triangle**, chacun étant en mesure de «voir»  les deux autres. Puis, il leur fait l'offre suivante:

«J'ai ici cinq chapeaux, trois blancs et deux rouges.
Je vais placer, sans que celui qui le reçoit sache de quelle couleur est son chapeau, un chapeau sur la tête de chacun.»

Celui qui est capable de me dire avec certitude la couleur de son chapeau, je le nomme vice-président création sur-le-champ et lui offre un salaire très concurrentiel.

Tout le monde est d'accord. L'entrepreneur distribue ses chapeaux.

Puis, il interroge le manchot:

    – Sais-tu de quelle couleur est ton chapeau?

    – Non, répond le manchot.

Puis, il pose la même question au borgne qui répond aussi négative-
ment.

Il pose alors la question au non-voyant qui répond :

> *– Bien sûr, mon chapeau est blanc.*

> *– Bravo ! Vous serez mon vice-président création.*

Par quel raisonnement, en écoutant ses collègues voyants, cette personne
peut-elle être aussi sûre de sa réponse ?

● ● ● ● ● ● ● ● ● ● ● ● ● ● ● ● ●

2.3.6 La création, la subversion

Nous présentons ici la créativité comme une qualité. Il ne faut toutefois pas se faire d'illusions : d'une certaine manière, les créatifs sont toujours perçus par monsieur et madame Tout-le-Monde comme des personnes bizarres, voire agressantes. C'est vrai pour les individus, mais aussi pour les groupes sociaux. Ceux qui ont des idées originales – finalement, dif-férentes de celles ayant normalement cours, les idées moyennes, voire médiocres – prennent le risque d'être excisés comme une tumeur can-céreuse : on a trop peur que ces idées originales contaminent les autres.

Cette situation s'avère surtout dans tous les pays où les chefs politiques gouvernent de manière autoritaire. C'était vrai au Québec des années 30 où l'autorité religieuse ostracisait les déviants de tous ordres. *In medio stat virtus,* répétaient les censeurs : la vertu se tient au centre. C'est vrai aujourd'hui sous toutes les dictatures, qu'elles soient de droite, chré-tiennes et capitalistes, ou de gauche, athées et socialistes. Comme le rap-pelait le grand mathématicien et philosophe britannique, prix Nobel de surcroît, Bertrand Russell, « là où l'on ne peut exprimer son opinion, le *statu quo* devient la norme ; et toute originalité, même la plus indispen-sable, est découragée ».

La libre circulation des idées est une condition *sine qua non* de la créati-vité. La créativité s'abreuve à la mer des idées... des autres. Une nouvelle idée, c'est souvent, comme l'expliquait Koestler dans *Le cri d'Archimède,* une collision entre deux trains d'idées. Pour se régénérer, la fonction créative à besoin d'un milieu stimulant, où les lieux d'échanges d'idées sont nombreux. C'est dans cette perspective que les congrès scientifiques, les colloques et les séminaires sont des activités nécessaires à la production scientifique ou artistique. Il est toujours aiguillonnant de rencontrer des pairs qui nous appuient, nous contredisent ou nous lancent dans de nouvelles directions. Un groupe social au sein duquel les échanges sont réduits à leur plus simple expression est un cimetière d'idées. Une école d'art sans « entre-cours » ou « après-cours » est une école aux sources pratiquement taries.

2.3.7 Les États-Unis : un pays riche mais créatif

Par ailleurs et contrairement à ce que pensent certains, il est faux de prétendre que les créatifs sont plus productifs dans des conditions misérables. Quand on a le nez collé sur des activités de survie, il ne reste ni temps ni énergie pour les activités de création. Ce sont les pays où les scientifiques et les artistes sont les mieux traités qui sont les plus productifs sur le plan de la créativité. Parce que la Russie entretient ses sportifs et ses artistes, elle sait produire des individus performants ; ce qui tue leur créativité, c'est le climat de contrainte.

Aux États-Unis, les entreprises s'arrachent à prix d'or les personnes créatives, les scientifiques avec leurs théories, les inventeurs avec leurs machines, les cadres avec leurs idées. Aussi les États-Unis sont-ils devenus le détonateur mondial de la créativité, mais il faut admettre que l'argent y est pour quelque chose. Les seuls Bell Laboratories emploient 2 769 docteurs en physique (500 à celui de Murray Hill seulement ; les plus grandes universités en ont une trentaine tout au plus). Quant à New York, elle est *de facto* la Mecque de la peinture, du théâtre, de la musique.

2.3.8 Un passé garant de l'avenir

La personne créative est intuitive. La raison ne joue pas chez elle continuellement le rôle de policier. C'est un individu qui fait confiance à sa perception globale de la réalité, même s'il est incapable d'expliquer rationnellement ses positions. C'est comme la foi religieuse en somme : on sait que là est la vérité, même si cette vérité ne peut être prouvée. La personne créative est convaincue que des indices subtils sont là, importants, qui échappent à ses considérations logico-verbales.

En fait, la personne créative évolue au centre d'un univers qu'elle sait complexe, et elle se considère elle-même comme un univers complexe. Mais cela ne l'effraie pas. Elle sait que quelque chose de bon est toujours sorti de ces univers : le passé est garant de l'avenir, mais c'est là que s'arrête le passé pour cette personne. La personne créative ne ressasse pas ses réussites passées. Elle n'a pas peur qu'on lui vole ses idées : elle sait que sa réserve est inépuisable. Tout son être est pris par le problème en cours et les découvertes passionnantes qu'elle est en train de faire. Bref, la personne créative est une personne d'avenir.

Mollo, les œufs mollets !

Qui est «intelligent»? Qui ne l'est pas? La personne qui a la puissance d'analyse nécessaire pour repérer les failles dans tout raisonnement, les faiblesses chez toutes les personnes de son entourage, la mauvaise organisation dans la société, bref toutes les imperfections de la Création, est-elle nécessairement «intelligente»?

Si oui, est-elle moins intelligente que la personne capable d'être heureuse dans l'environnement qui est le sien, quel qu'il soit? Est-elle moins intelligente que la personne aussi naïve qu'un enfant? Est-elle moins intelligente que la personne qui s'émerveille devant la Nature? Guillaume, que je fréquente quotidiennement, est handicapé intellectuel, dit-on. Il se réveille en demandant «As-tu passé une bonne nuit? Moi, j'ai bien dormi.» Et il se couche le soir en résumant ainsi sa journée: «J'ai passé une belle journée, hein!»

La personne la plus intelligente, à mon avis, c'est celle qui est capable de fonctionner avec son environnement, et non pas celle qui a la plus grande intelligence «intellectuelle». Les jeunes qui ont survécu au camp d'extermination d'Auschwitz-Birkenau ont su utiliser leur intelligence pour résoudre les problèmes auxquels ils faisaient face. Le «modèle» humain qui s'est imposé dans l'évolution de millions d'années est celui qui était le mieux adapté à son environnement... et nous sommes ses descendants.

Savoir s'adapter à n'importe quelle condition extérieure, c'est être créatif. Être capable d'être heureux, quelles que soient les circonstances, nécessite de la créativité.

La créativité éclate quand deux trains d'idées entrent en collision. «Du choc des idées jaillit la lumière», dit le proverbe. Mais le plus souvent, la lumière se manifeste à l'improviste, pendant le sommeil, la rêverie, voire la distraction. C'est que les idées créatives sont souvent le fruit de l'intuition, de l'appréhension subconsciente du monde. Elles accèdent à la conscience par osmose, pourrait-on dire.

Nous disposons tous de cette richesse. La créativité est un don généreusement dispensé par la nature. La personne créative est capable de reconnaître les idées créatives, de saisir au bond les idées quand elles surviennent et de les utiliser «sur le terrain».

Il ne suffit donc pas « d'avoir des idées ». Ça prend aussi de l'« huile de bras » pour les mettre à exécution. Si bien que les individus considérés comme créatifs sont de manière générale des travailleurs acharnés, des personnes qui savent se retrousser les manches pour concrétiser leurs idées.

Le Dr Fernand Labrie de l'Université Laval est un chercheur reconnu dans le monde entier pour ses idées créatives : il est cité 22 000 fois par d'autres chercheurs partout dans le monde. Mais il est aussi un entrepreneur infatigable qui a « monté » le Centre de recherche du Centre hospitalier de l'Université Laval pour donner vie à ses idées. Ce centre emploie près de 1 000 personnes et verse près de 30 millions de dollars en salaires seulement. C'est tout vous dire !

Les gens créatifs sont des gens qui ont des idées, mais qui sont prêts à suer sang et eau pour que leurs idées prennent forme. C'est là seulement que la société peut reconnaître leur créativité… et l'apprécier. Autrement, les idées – même les idées de génie – ne sont que du vent.

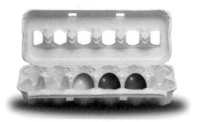

L'INVENTIQUE

L'émerveillement, plutôt que le doute, est la source de la connaissance.

FRANKLIN P. ADAMS,
HUMORISTE AMÉRICAIN

On a plusieurs fois comparé le cerveau à l'ordinateur. Il s'agit là d'une comparaison boiteuse, évidemment : c'est l'ordinateur que l'on peut comparer au cerveau... dont il n'est qu'une pâle imitation. Le cerveau humain n'est pas un ordinateur ; il est *beaucoup plus* qu'un ordinateur.

Cependant, la comparaison vaut sous certains aspects. Par exemple, comme l'ordinateur, le cerveau transporte ses informations le long de circuits « électriques ». Mais, sous d'autres aspects, la comparaison cloche : le cerveau est doté d'une mémoire énorme et, surtout, les éléments de cette mémoire sont continuellement mis à profit pour faire des associations nouvelles, des déductions, des extrapolations, ce que le meilleur ordinateur ne peut faire que de manière très embryonnaire.

Picasso nous le rappelle de manière percutante : « Les ordinateurs sont inutiles. Ils peuvent seulement donner des réponses. »

3.1 L'ordinateur et les humains

Il existe actuellement des ordinateurs extrêmement puissants, comme les Cray fabriqués par Seymour Cray à Minneapolis. C'est avec les Cray qu'Environnement Canada tente de prévoir le temps, tâche difficile et complexe s'il en est une. Toutefois, même la capacité de « penser » des Cray n'est pas comparable à celle du cerveau humain.

3.1.1 Les ordinateurs sont stupides

Un cerveau humain est un assemblage d'environ 10 milliards d'unités binaires, les neurones. C'est loin en aval des ordinateurs, même les meilleurs.

Le premier ordinateur commercialisable fut lancé sur le marché en 1950. C'était l'Univac I, de Remington-Rand, qui coûtait un million de dollars et qui se vendit très (!) bien : 40 unités. Bien qu'il ne fût jamais commercialisé, le premier ordinateur programmable fut l'ENIAC (*Electronic Numerical Integrator and Calculator*) mis au point à l'Université de Pennsylvanie en 1946. Il a nécessité 30 mois de programmation, 24 heures sur 24 ! Il contenait 19 000 lampes de radio, pesait 30 tonnes et mesurait 15 mètres (oui ! oui !). Ses lampes consommaient tellement d'électricité et dégageaient tellement de chaleur qu'elles causaient un problème de refroidissement quasi insurmontable. Sans compter que pour chaque tâche la nouvelle programmation exigeait du temps et même un travail de re-disposition des connexions.

Magique pour l'époque, l'ENIAC était néanmoins plus lent que nos calculettes actuelles et sa mémoire était de 1 K, soit la même que le petit ordinateur britannique Sinclair, grand comme un cahier à anneaux, que j'avais acheté en 1979. Il est vrai qu'une seule puce de nos micro-ordinateurs actuels serait grande comme un terrain de football si elle était construite avec des lampes similaires à celles de l'ENIAC.

Un Cray du service météo d'Environnement Canada prendra trois heures pour faire des prévisions à dix jours, ce qui est excellent puisque aucun humain ne peut faire de tels calculs et que l'Univac I aurait pris quatre mois pour arriver au même résultat... Même un disque laser, qui peut stocker 8 millions de K (disons, 4 000 romans), réalise une performance ridicule, pour le moment du moins, par rapport au cerveau humain qui dispose d'une mémoire de 100 000 millions de K, soit l'équivalent de 10 000 disques compacts – et calcule plus vite qu'un super Cray.

Plus important encore : malgré le fait que l'on parle aujourd'hui « d'intelligence artificielle », un ordinateur *ne pense pas*. Il jouit d'une grande mémoire et calcule rapidement. C'est tout. Comme disent les Américains, *machines work but people think*. À chacun sa spécialité. Et comme les machines calculent plus vite que les humains et auront un jour une plus grande et plus fidèle mémoire qu'eux, ceux-ci doivent développer le potentiel qui leur est propre, en particulier leurs facultés créatives.

Savoir diviser par quatre

*De combien de façons pouvez-vous réussir à diviser un carré de manière à obtenir quatre morceaux de **forme et de taille identiques** ? Ne vous inquiétez pas, les façons d'y arriver sont multiples... On vous donne ici un exemple, mais ne vous y arrêtez pas trop rapidement.*

Exemple

3.1.2 Le concept de créativité

En même temps que l'on mettait au point les ordinateurs se développait la créativité. Le psychologue britannique Charles Spearman avait publié un premier ouvrage sur le sujet en 1930, *Creative Mind,* qui avait laissé la majorité du monde complètement froid : le terrain n'était pas mûr. Ce n'est que dans les années 50 – au moment où était commercialisé l'Univac – et à la suite des recherches des Américains J. P. Guilford et R. B. Cattell que la créativité devint une idée à la mode. Ces recherches étaient de type théorique et universitaire, mais suscitèrent tout de même un immense engouement, surtout au sein des grandes entreprises.

Dès 1955, la société Dow Chemicals commence à publier le mensuel *Creative Thinking* et l'Université Stanford de Californie organise le séminaire *Creative Engineering.* Quelques années plus tard, certaines entreprises, comme Remington Arms, se vantaient d'offrir des sessions de formation portant sur la créativité pour tous les membres de leur personnel.

3.2 La recherche des problèmes

Le concept de créativité est intimement lié à celui de problème... si l'on s'entend, bien entendu, sur la définition de ce qu'est un problème. Un problème, c'est une situation devant laquelle un individu ressent un besoin qu'il ne peut satisfaire et qui amène donc chez lui un état de tension. C'est souvent cette tension qui déclenche des attitudes créatives chez les humains.

3.2.1 Le besoin de changement

Il y a donc problème quand se manifeste un besoin de changement et que ce besoin ne peut être satisfait immédiatement. C'est le cas quand on a faim et qu'on ne peut manger parce qu'on a mal à la gorge, qu'on est dans une chaloupe au milieu du lac ou qu'on n'a plus un sou ; quand on languit de voir Rome, mais qu'on a perdu son passeport ou qu'on ne veut pas quitter son ami cher de Montréal ; quand on subit un échec au trimestre terminal de son cours universitaire et qu'on ne veut pas perdre la face devant son père (ou qu'on veut absolument exercer cette profession qu'on aime tant dans la fonction publique qui exige le diplôme). Quand le besoin de changement d'un état est exacerbé, la créativité d'un individu se manifeste.

Le meilleur entraînement à la créativité, c'est encore de se colleter aux situations réelles qui font problème. Sinon, on peut recourir à certains jeux qui simulent la réalité : jeux de guerre, jeux de *bluff*, etc. Le jeu est bon pour l'entraînement, mais seulement si on le prend suffisamment au sérieux pour qu'il fasse problème ; le jeu doit provoquer un besoin de changer la situation. Le jeu d'échecs est passionnant seulement pour les joueurs qui ressentent le besoin de gagner (pour prouver leur intelligence, pour obtenir de l'argent ou la gloire ou pour toute autre raison). Seuls ces joueurs-là sont créatifs.

3.3 L'esprit d'analyse

La première étape dans la résolution d'un problème, c'est de le considérer de manière analytique. Grâce à une procédure systématique, on peut décortiquer un problème pour trouver des solutions.

Pour y arriver, diverses approches systématiques ont été proposées. Nous en inventorions ici un certain nombre qui sont des techniques, et parfois de simples trucs. C'est ce genre d'approche que certains ont nommée *inventique*. Divers tant par leur origine que par leur nature, nous regroupons ici ces outils sous cinq étiquettes :

1. La modélisation structurale ;

2. La distanciation ;

3. Les objets vivants ;

4. L'exploration par canevas ;

5. Les méthodes synthétiques.

Exercice **12**

Ding et Dong
*Ding mesure
6 pieds et Dong,
5 pieds. Ils veulent
récupérer la pile de
billets de banque
que le grand méchant
chef des impôts a soutirés
aux contribuables à faible revenu.*
Le chef des impôts les a cachés tout en haut, dans un trou du mur de la voûte qui, normalement, est vide.

Pour tenter de les atteindre, Dong grimpe sur les épaules de Ding. Dong tend le bras, Ding se met sur la pointe des pieds... mais il lui manque encore quelques pouces et il est impossible de mettre la main dessus. Devront-ils abandonner là le magot ?

Proposez-leur une solution !

* * * * * * * * * * * * * * * *

3.3.1 La modélisation structurale

La modélisation structurale consiste à reconnaître dans un problème complexe les lignes de force sous-jacentes (sa structure) qui permettraient de le représenter dans un schéma. Ce schéma aura surtout pour but de révéler les interrelations fonctionnelles entre les différentes parties isolées du problème.

Pour définir ces parties, on peut décrire le problème à plusieurs personnes différentes qui sont susceptibles de le connaître. C'est ce que l'on cherche à faire par la méthode Delphi. Cette méthode a été mise au point par la Rand Corporation, société très sérieuse et très cotée, spécialisée en futurologie. Les futurologues tentent de répondre à des questions comme celles-ci : Comment se résoudra le conflit au Moyen-Orient ? Quelle sera la situation politique du Québec en 2025 ? Quel rôle jouera l'ordinateur dans les résidences en 2010 ?

Avec la méthode Delphi, on procède ainsi : on consulte par correspondance un certain nombre « d'experts » triés sur le volet ; on leur demande d'exposer leurs vues quant au futur du sujet en question ; on compile les réponses pour dégager les tendances qui se dessinent avec un certain consensus ; on demande aux dissidents de se justifier ; on dresse la liste des tendances finales.

Les personnes consultées doivent décrire le problème, évaluer s'il a été circonscrit de manière trop serrée ou trop lâche, estimer la part du hasard dans son évolution et tenter de rassembler en faisceaux les éléments épars.

Pour que la méthode Delphi soit utile, il faut s'assurer que la situation examinée est bien celle qui fait problème. Ainsi, au cours de la dernière Grande Guerre, on demanda à un scientifique de préciser où l'on devrait renforcer le blindage des avions de combat. Il examina un échantillon représentatif des avions revenus après avoir été touchés, puis il recommanda de placer le blindage à un endroit bien précis. Quelqu'un objecta : « Mais nos avions ne sont jamais touchés à cet endroit ! » « Précisément, répondit l'enquêteur, ceux qui ont été touchés là ne sont jamais revenus. »

3.3.2 Les objets vivants

On sait que l'imagination enfantine donne souvent vie à des objets inanimés : Winnie l'ourson est un ami vivant et les fantômes font du bruit pendant la tempête. Il reste toujours chez l'adulte, cachée sous des comportements plus rationnels, une parcelle de cette imagination délirante. Il n'est pas rare de voir des gens se comporter avec des objets comme s'ils étaient vivants : qu'on pense à cet employé (ou cet universitaire !) qui, enragé, crible de coups de pied la machine distributrice de café...

Le comportement des humains est toujours un peu entaché d'anthropomorphisme, cette propension à attribuer aux choses des facultés propres aux humains. Non seulement veut-on jouer de la musique aux plantes, mais même une langue peut être marquée par la pression anthropomorphique. Donnons comme exemple l'anglais, langue d'insulaires donc de marins, qui utilise le neutre pour tous les objets... sauf pour les bateaux qui sont du genre féminin.

La personnalisation joue sur le même mode. L'individu qui « personnalise » le problème devient le problème : il se revêt du problème en question, devient lui-même le problème et lui octroie la capacité de sentir et de raisonner.

Prenons cette situation hypothétique : le programme de design graphique d'une université quelconque est critiqué par les professionnels ; certains professeurs le remettent en question ; la majorité des étudiants doutent de leur formation ; tous s'inquiètent des changements qui pourraient survenir. Il y a ici un problème : des personnes ont des attentes qui ne peuvent être satisfaites, la situation volatile ne peut qu'augmenter leur angoisse. La personnalisation permettrait aux participants, dans une espèce de rêve éveillé, *d'être le problème*, d'être le programme, par exemple. Comment se sent-il (ce programme) d'être remis en question ? De quoi se souvient-il ? Qu'arriverait-il si on le transformait ? Quelle sorte de communication entretient-il avec tel professeur ? avec les femmes ? avec les étudiants de première année ? avec les autorités ? Un jeu semblable devient vite révélateur.

La forme transformée

*Tracez une étoile à six pointes. Décomposez cette étoile en une série de formes élémentaires **identiques**. Avec cette série de formes, recomposez une nouvelle forme utilisant plusieurs éléments de base.*

Par exemple, dans l'étoile de droite, nous avons repéré des triangles à partir desquels nous avons composé un parallélogramme (il est constitué de deux de nos triangles).

*Refaites la même chose à deux autres reprises en repérant dans l'étoile des formes **différentes**.*

Puis, tentez de décomposer selon le même mode les objets qui vous entourent : votre stylo, votre téléphone, vos lunettes.

Une fois cela fait, recomposez un nouveau téléphone avec les formes élémentaires de vos lunettes, un stylo avec les formes élémentaires de votre téléphone, etc.

● ● ● ● ● ● ● ● ● ● ● ● ● ● ● ● ● ●

3.3.3 L'exploration par canevas

Cette approche permet d'inventorier tout ce qui est possible de manière systématique, mais en se laissant guider par des canevas. On peut citer quelques-unes de ces techniques à canevas :

1. L'association aléatoire ;

2. L'opposition systématique ;

3. L'examen périphérique ;

4. Les matrices à double entrée.

L'association aléatoire. Cette forme d'exploration consiste tout simplement à choisir un terme au hasard, par exemple en prenant le premier mot d'une page quelconque du dictionnaire. Ainsi, je travaille sur le programme de design graphique auquel j'ai fait allusion plus haut. Je décide de faire une séance d'association aléatoire : j'ouvre le dictionnaire et je tombe sur *lacis*, puis sur *préclassique*, et sur *seillon*. Je peux tenter d'établir des liens entre le programme de design graphique et un lacis : oui, décidément, ce programme est entrelacé comme une dentelle ; sa structure est complexe ; les étudiants ne réussissent pas à en percevoir la structure ; il mérite d'être simplifié. Puis, je fais la même chose avec le mot *préclassique* : oui, ce programme doit encore trop à la période dorée des écoles des beaux-arts traditionnelles ou à la mode froide du mouvement moderniste... Finalement, faites vous-même l'exercice avec le mot *seillon*. Cherchez sa définition dans le dictionnaire et tentez d'établir un lien avec le programme de design graphique !

76

En misant sur l'association aléatoire, on court la chance de découvrir des aspects révélateurs à ce fameux programme, des aspects que l'on n'avait pu apercevoir par la simple analyse rationnelle.

L'opposition systématique. Dans l'opposition systématique, il s'agit de prendre le contre-pied direct du sens premier de l'objet à l'étude. Ainsi, l'expression *programme de design graphique* comprend trois concepts. Cela pourra donc conduire, en se centrant sur les idées opposées à chacun de ces concepts, à sentir l'aspect « non programmé ou mal programmé » (contraire de programme), l'aspect « faiblesse en dessin » (alors qu'on s'affiche designer) et l'aspect, par exemple, « trop littéraire ou intellectuel » (alors qu'on se prétend graphique).

On ne sait jamais, en jouant d'opposition systématique, on pourrait éventuellement s'éveiller à des réalités cachées...

L'examen périphérique. L'examen périphérique consiste à faire le relevé extensif de toutes les directions possibles associées au sens direct du problème soulevé : définition, sens synonymique et antonymique, sens étymologique. Pour des images, on peut examiner la structure sémiologique de l'image, voir s'il n'existe pas de schématisation pictographique de cette image, des images comparables par associations métaphoriques ou métonymiques.

L'examen périphérique est une tactique simple de créativité élémentaire et peut pourtant dégager des idées intéressantes autour d'un problème.

Les matrices à double entrée. La méthode d'exploration par canevas la plus productive, c'est encore le travail sur des matrices à double entrée, que d'aucuns théoriciens nomment « matrices de découverte ».

Les matrices de découverte permettent d'explorer un grand nombre de combinaisons d'éléments. Face à plusieurs objets, on peut les associer deux à deux pour voir si ces nouvelles paires ne révéleront pas un aspect caché des choses.

Ainsi, imaginons que nous avons à créer un symbole pour une maison d'édition comme les Éditions Transcontinental. Comment représenter *édition* et *transcontinental* ? On peut facilement dégager un grand nombre d'avenues possibles en travaillant avec une matrice à double entrée. Dans un axe, on pourrait dresser la liste de tous les iconèmes pouvant suggérer *édition* ; dans l'autre, tous les iconèmes pouvant suggérer *transcontinental*. Ne pourrions-nous répertorier qu'une dizaine de variations dans chaque axe, nous nous trouverions déjà en face de 100 représentations possibles.

ICONÈMES RELIÉS À « ÉDITION » → ICONÈMES RELIÉS À « TRANSCONTINENTAL »	LIVRE	PRESSE À IMPRIMER	TÊTE DE GUTENBERG	UN MUR DE PIERRE GRAVÉ DE LETTRES	ETC.
Le continent nord-américain	Un livre ouvert dont le pourtour a la forme du continent	Une presse imprime un texte sur une feuille en forme de continent	Un buste dont le socle a la forme du continent	Le mot Transcontinental est « gravé » sur une forme de continent	?
Un arc-en-ciel	Des arcs-en-ciel sortent d'un livre fermé	Une presse imprime un ruban qui passe par l'arc-en-ciel	Un arc-en-ciel qui sort de la bouche	Un arc-en-ciel sort d'une des lettres du mot Transcontinental	?
Un train transcontinental	Un train à l'horizon dont les wagons ont la forme de livres	De la presse surgissent les wagons d'un train	Un train dont l'ingénieur est Gutenberg	Un wagon plate-forme transporte une pierre avec inscription	?
Plusieurs ethnies (un Asiatique un Amérindien, un Caucasien, etc.)	Un Jaune, un Noir, un Blanc reliés par des livres	Une presse imprime une forme humaine noire qui devient jaune	Trois têtes de trois couleurs différentes	Le mot Transcontinental écrit en chinois, en cyrillique et en alphabet latin	
etc.					

Vous constatez à quel point il est facile de générer des idées à l'aide d'une matrice de découverte. Mais, comme le dit Florence Vidal dans son livre *problem-solving* « Il est tout à fait nécessaire, et même peut-être urgent, d'essayer de comprendre ce que l'on fait en mettant ainsi n'importe quoi en lignes et en colonnes ».

Exercice 14

Une devinette scientifique

*Êtes-vous « scientifique » ?
Vous allez réaliser une
expérience, vous établirez
une hypothèse, puis vous
prédirez le futur de façon
scientifique.*

Expérience

*Vous avez besoin d'une
cinquantaine de pièces de
un cent, d'une soucoupe
d'une quinzaine de
centimètres de diamètre et
d'une assiette d'une
trentaine de centimètres de diamètre. Vous devrez ensuite, au fur
et à mesure de l'expérience, remplir un tableau de résultats (voir
le modèle de la page suivante).*

Réalisation :

*1. On pose la soucoupe à 2 m de distance de soi et l'on essaie de
lancer une pièce dans la soucoupe à 50 reprises. On compte ses
points. On remplace la soucoupe par l'assiette et l'on
recommence.*

2. On fait l'expérience à 4 m de distance.

*3. On refait ces deux séquences le lendemain, et une nouvelle fois
le surlendemain.*

*4. Prédisez maintenant l'avenir de manière scientifique (statistique : à 10 % d'erreur près). Remplissez le tableau de la quatrième journée **avant** de lancer les sous.*

5. Comparez vos prévisions avec les résultats obtenus.

	15 cm		30 cm	
	2 m	4 m	2 m	4 m
1er jour				
2e jour				
3e jour				
4e jour				

● ● ● ● ● ● ● ● ● ● ● ● ● ● ● ● ● ● ●

3.4 L'esprit de synthèse

Toutes ces méthodes permettent d'examiner un problème, d'en faire l'analyse, et visent le but ultime d'arriver à une solution. Pour trouver une solution, il faut passer à la synthèse. Picasso, qui n'était pas un analyste mais qui, très ostensiblement, se considérait avec raison comme un génie créatif, disait : « Je ne cherche pas, je trouve. »

3.4.1 Les méthodes synthétiques

La plupart des méthodes analytiques ont été proposées par des théoriciens. Les praticiens de la créativité, eux, ont proposé des méthodes de type synthétique. Ce sont en général des techniques qui sont faciles à appliquer et qui « garantissent », d'une certaine manière, la génération spontanée de solutions adaptées.

Dans un premier temps, citons deux de ces méthodes :

1. La *creative engineering* de John Arnold du Massachusetts Institute of Technology (MIT) ;
2. La synectique de William Gordon de la maison de consultation Arthur D. Little.

La creative engineering *de John Arnold du* MIT. John Arnold a enseigné le génie mécanique au réputé Massachusetts Institute of Technology de 1942 à 1957 avant de terminer sa carrière à la fameuse Université Stanford de Californie.

Arnold était avant tout un praticien terre à terre qui était passionné de jardinage, de photographie et qui, à ses heures, jouait même avec la presse à imprimer. Son diplôme d'ingénieur en poche, il achète un petit garage dans le Minnesota pour mettre la main à la pâte.

Au fil des années, Arnold s'est aussi bâti une solide réputation de péda-gogue. Il développe une spécialité du génie qu'il nomme *engineering design* ; c'est alors qu'il comprend l'importance de la créativité qu'il pu-blicise sous le nom de *creative engineering*. Il devient l'un des tout pre-miers apôtres de la créativité.

Arnold défend l'idée qu'il ne faut pas seulement former les ingénieurs avec un esprit d'analyse, mais aussi avec un esprit de synthèse et une créati-vité poussée. Il affirme même que « le processus créatif est essentiel dans la vie en général ». Il devient une espèce de gourou de la créativité après lequel l'industrie court pour bénéficier de ses lumières.

Ses idées ont été reprises par d'autres auteurs, comme Harold Buhl dans son livre *Creative engineering design*, et par l'American Society of Mechanical Engineers qui a publié un titre sur le même sujet. L'Université Stanford a organisé son premier séminaire portant sur la *creative engi-neering* en 1955.

La synectique de William Gordon. La synectique est une technique qui tente de rendre conscients les mécanismes préconscients qui jouent en créativité. Gordon défend l'idée qu'en créativité « la composante émo-tionnelle est plus importante que la composante intellectuelle. La solution concrète et finale à un problème vient de la raison, mais la manière de la trouver n'en provient pas ».

S'ajoute à cette idée celle qu'une personne est tout à la fois individualiste et grégaire. Gordon souligne par là qu'un personne peut apporter des idées créatives seulement si elle participe activement au sein d'un groupe, si elle s'engage personnellement à solutionner les problèmes du groupe.

Gordon nous prévient par ailleurs qu'un groupe produit davantage de solutions que chacune de ses composantes isolées.

La technique la plus connue de la synectique consiste à rendre étrange ce qui est familier. Pour rendre étrange le familier, on peut procéder par analogie (par la personnalisation, par exemple).

On peut prendre connaissance de l'approche de Gordon dans son livre *Synectics : The Development of creative capacity*. Ses idées ont été reprises par d'autres auteurs, comme Nicholas Roukes avec son livre *Design Synectics : Stimulating Creativity in Design*.

Ces deux approches sont celles de pionniers et jouent de façon semblable sur les mécanismes préconscients proches du « rêve éveillé dirigé » selon l'appellation du psychanalyste français Robert Desoille.

Nous réserverons plus loin un chapitre entier à d'autres méthodes plus connues. Quatre méthodes seront ainsi détaillées :

a) le *brainstorming* du publicitaire américain Alex Osborn ;

b) la *pensée latérale* du Britannique Edward deBono ;

c) le satori créatif du Parisien Gilbert Rapaille ;

d) le *mind-mapping* du Londonien Tony Buzan.

Exercice 15

Partir de bons principes

Voici une liste d'appareils ayant divers usages.

1. Horloge coucou
2. Bicyclette
3. Excavatrice
4. Avion à réaction
5. Perceuse électrique
6. Mixette de cuisine
7. Agrandisseur photo
8. Lampe de table à dessin
9. Magnétoscope

10. Baladeur radio
11. Climatiseur
12. Machine à coudre
13. Centrifugeuse de laiterie
14. Aimant électrique
15. Lecteur de disque
16. Rouleau à pâte
17. Pompe aspirante
18. Fusée

1. *Faites appel au hasard (utilisez un dé, par exemple) pour choisir trois de ces appareils.*

2. *Analysez le fonctionnement de chacun pour en dégager le* **principe clé**.

3. *Inventez une nouvelle machine qui incorpore dans son fonctionnement* **les trois principes que vous avez dégagés**.

4. *Expliquez l'usage de votre invention et* **baptisez-la** *de façon évocatrice.*

3.4.2 Un test pour repérer les créatifs

Retenons donc qu'il ne suffit pas de chercher, encore faut-il trouver. C'est alors qu'on remarque les conditions extérieures au problème posé, c'est-à-dire celles qui se rattachent davantage au «solutionneur» lui-même. Il y a très évidemment des gens qui sont considérés comme des solutionneurs. Pour toutes sortes de raisons, ceux-ci ont toujours misé sur leur créativité ; ce sont des personnes reconnues comme étant créatives.

On a vu précédemment les qualités des personnes créatives. Considérées sous un certain angle, ces qualités sont celles de tout chercheur, qu'il soit artiste, inventeur ou découvreur. Une personne créative est, bien sûr, une personne intelligente, mais surtout quelqu'un qui sait, de manière intuitive, ordonner les données de son intelligence. Malgré le flair qu'une telle personne manifeste pour trouver des solutions aux problèmes posés, elle se révèle insatiable : sans fin, elle creuse la question pour en extraire des solutions nouvelles, inédites.

Évidemment – et précisément parce qu'elle est prise par ses problèmes –, la personne créative est toujours un peu lunatique ; c'est là une caractéristique reconnue des génies. Ainsi continue à courir, à Québec, cette anecdote du célèbre physicien Adrien Pouliot (à l'origine de la Faculté des sciences de l'Université Laval dont l'un des pavillons porte d'ailleurs le nom) : parti à Montréal avec sa femme, le Dr Pouliot était revenu seul... ayant oublié qu'elle l'y avait accompagné.

Mais peut-on montrer du doigt avec assurance une personne créative ? Peut-on mesurer l'inventivité ? Plusieurs chercheurs ont creusé la question et ont trouvé des éléments de réponse. Nous rapporterons ici en détail l'*Autotest de créativité* de John Feldhusen de l'University Purdue [Feldhusen, Denny et Condon, *Journal of Educational Psychology,* 1965, n° 56, vol. 1, reconnu comme l'un des plus efficaces. Des études statistiques ont été établies sur des populations représentatives de certains jeunes du secondaire, du collégial et de l'Université. Une échelle dérivée de ce test a été établie, échelle qui permet de chiffrer le potentiel créatif d'une personne.

Les facteurs évalués par ce test sont les suivants :

1. La faculté d'appréhender des ensembles complexes, le sens de l'innovation et la curiosité ;
2. L'impulsivité, le sens du risque et l'indifférence par rapport au jugement des autres ;
3. L'imagination ;
4. L'énumération quantitative ;
5. La souplesse.

Ce test nécessite environ 15 minutes, mais aucune limite de temps n'est fixée.

Autotest sur la créativité
Directives

Lisez les phrases ci-dessous. Si vous vous sentez en accord avec l'affirmation qui y est faite, marquez-la d'un crochet en marge. Dans le cas contraire, ne marquez rien.

1. Le désordre ne m'embête pas.
2. J'aime l'aventure.
3. Je suis une personne affectueuse.
4. Je m'intéresse aux autres.
5. Je me pose souvent des questions.
6. J'aime les choses mystérieuses.
7. J'essaie de faire des choses difficiles.
8. Je ne parais pas timide.
9. Je suis capable de faire des critiques constructives.
10. Je suis une personne courageuse.
11. Il m'arrive de ne pas être une personne courtoise.
12. Je suis une personne convaincue.
13. J'aime être la personne la plus performante.
14. Je suis une personne déterminée.

15. Il m'arrive de manifester de l'indisposition.

16. Il m'arrive d'être une personne dérangeante.

17. Je suis une personne émotive.

18. Je suis une personne pleine d'énergie.

19. Je trouve facilement des erreurs.

20. J'aime travailler avec les idées.

21. Je suis une personne curieuse.

22. Il m'arrive d'aimer l'isolement.

23. Je suis un esprit indépendant.

24. Je ne m'ennuie jamais.

25. Je suis non conformiste.

26. Il m'arrive de manifester de l'hostilité.

27. Je suis populaire.

28. J'ai quelques habitudes fâcheuses.

29. Les problèmes m'embêtent.

30. J'aime les idées compliquées.

31. Je pose beaucoup de questions.

32. J'aime connaître les idées des autres.

33. Il m'arrive de me conduire en enfant ou en fou.

34. Je ne m'efforce pas continuellement d'agir « correctement ».

35. Je suis autonome.

36. Je suis une personne qui aime lancer des projets.

37. J'ai un bon sens de l'humour.

38. Je sais découvrir la beauté cachée dans les choses.

39. Je ne suis pas toujours sincère.

40. Je manifeste parfois mon désaccord avec vigueur.

41. Je travaille en vue de buts que je me suis fixés.

42. Je suis une personne qui s'entête parfois.

43. Je suis tenace.

44. Je ne suis pas timide.

45. Le pouvoir ne m'attire pas.

46. Je suis une « tête de cochon ».

47. J'aime prendre des risques.

48. J'aime le changement.

49. Je suis parfois brouillon.

50. J'agis parfois sans avoir planifié.

51. Je questionne l'autorité et les façons de faire.

52. Je suis une personne tolérante.

53. J'ai un esprit ouvert.

54. Je prends plaisir à démonter les choses.

55. J'aime préciser le sens des mots nouveaux.

56. J'ai un hobby.

57. Je n'écris pas assez vite pour suivre mes pensées.

58. Il m'arrive de remettre en question les affirmations du professeur.

59. Il m'arrive d'abandonner un projet en cours de route.

60. Les autres me perçoivent comme une personne différente.

61. Je m'intéresse aux nouvelles façons de faire les choses.

62. Ce qui m'intéresse, c'est d'apprendre, non la réussite.

63. Je tiens à mes idées même si les autres me désapprouvent.

64. Je suis la personne qui suggère des activités la première.

65. J'aime dessiner librement plutôt que calquer les autres.

66. Je pose des questions quand un point n'est pas clair.

67. Je n'ai pas peur de passer pour « différent ».

Résultats

Comptez un point pour chaque crochet. Plus votre score est élevé, plus grande est votre créativité.

Un œuf in vitro

*L*a créativité se manifeste soit inconsciemment et automatiquement en réponse à des besoins profondément ressentis, soit consciemment à la suite d'une décision délibérée de s'attaquer avec passion aux situations problématiques de la vie. En règle générale, les individus créatifs sont ceux chez qui se conjuguent ces deux situations.

La créativité est d'abord un état d'esprit. Néanmoins, le recours à des techniques permet de produire facilement et rapidement des idées nombreuses.

Vous me direz qu'il existe des logiciels pour susciter la créativité. D'accord. Mais ces logiciels ne font, à toutes fins utiles, que fournir un support pour ancrer la créativité. Comme une feuille de papier, en somme.

Toutefois, feuilleter un dictionnaire est déjà une façon de laisser voguer son esprit sur la mer universelle des idées. Et qui sait si, au passage, l'une de ces idées n'entrera pas en collision avec la sienne pour faire surgir une idée « origéniale » ?

L'exploration par grilles est un outil encore plus approprié. La « collision » est imposée systématiquement par deux trains d'éléments, l'un posé en abscisse et l'autre en ordonnée. Le mathématicien Henri Poincaré nous rappelle cependant : « Parmi les combinaisons ainsi formées, presque toutes sont sans intérêt et sans utilité [...] Quelques-unes seulement sont harmonieuses, et par la suite, à la fois utiles et belles... »

Une façon plus humaine de trouver des idées est de réussir à se plonger avec imagination au cœur même d'un problème, de prendre la place d'un de ses éléments, fût-il un objet. Par exemple, devenir soi-même la touche d'un clavier d'ordinateur permet de mieux en comprendre le fonctionnement.

Cependant, là aussi, la collision d'idées est fortement accidentelle. Seriez-vous capable de mesurer exactement le volume d'un bijou aux formes irrégulières, disons une broche ajourée d'arabesques ? Comme le rappelle Arthur Koestler : « Jamais Archimède ni personne avant lui n'avait pensé à relier l'occupation sensuelle et banale qui consiste à prendre un bain chaud à l'exercice intellectuel qui consiste à vouloir mesurer les solides irréguliers. » *Eureka !* C'est à ce moment que l'étincelle s'est faite : Archimède comprend que le volume de l'eau mesure simplement le volume de son corps, donc de n'importe quel corps de forme irrégulière plongé dans un liquide.

La capacité de vivre soi-même le problème est une manière de découvrir des solutions créatives. C'est ainsi que beaucoup de problèmes trouvent leur solution naturellement. En effet, la nature elle-même est riche en solutions et dispose en réalité d'un système « d'autosolutionnage » de problèmes : comme la peau déchirée se cicatrise elle-même, tout besoin de changement fortement ressenti déclenche chez un être humain un processus de résolution de problèmes.

La créativité est une activité hautement humaine.

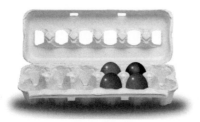

LE *PROBLEM-SOLVING*

*Les gens qui prennent le temps de s'isoler ont de la pro-
fondeur, de l'originalité et de la quiétude en réserve.*

JOHN MILLER
PASTEUR AMÉRICAIN

Nous avons jusqu'ici insisté sur l'importance de l'intuition dans le processus créatif, mais il est évident que l'intuition n'est pas tout. En réalité,
nous travaillons simultanément avec nos deux moitiés de cerveau. Pour
résoudre efficacement les problèmes que nous pose notre environnement,
nous devons recourir à notre sens de la logique aussi bien qu'à notre imagination.

Comment, en effet, arriver à une solution applicable sans recourir à notre
jugement ? La seule véritable créativité est la créativité appliquée, efficace, celle qui produit des résultats, celle qui permet de résoudre des

problèmes. Certains défendent donc l'idée que c'est la raison qui nous permet de répertorier des solutions efficaces.

Cette créativité plus rationnelle et plus linéaire fonctionne davantage sur le mode cause/effet. Les Américains identifient cette approche à une discipline qu'ils nomment *problem-solving*, la *problémation,* comme écrivent certains auteurs français, le *solutioning,* disent d'autres. On peut définir le *problem-solving* comme étant l'art d'appliquer une procédure systématique à la solution de situations problématiques.

4.1 De l'intuitif au rationnel

Dans la définition du *problem-solving*, nous affirmons faire appel à une procédure. Il serait plus vrai de dire qu'il s'agit de faire appel à un état d'esprit. Par cet état d'esprit, nous savons pouvoir compter sur l'ensemble de nos facultés pour résoudre les problèmes que les événements nous posent. On donne préséance à la raison, mais on ne met pas obligatoirement de côté l'intuition.

Exercice **16**

La vie serait tellement plus belle...

Vous trouverez ci-dessous une liste de quelques situations qui peuvent sembler dérangeantes, voire frustrantes, pour certaines personnes. La vie serait tellement plus belle – pour elles ! – si vous pouviez améliorer leur sort.

Dans chaque cas, nous vous suggérons de trouver une idée en recourant à des objets courants, disponibles en grande quantité, et peu chers (vous disposez d'un budget maximal de 100 $). Au fait, songez à la récupération !

1. *Que feriez-vous donc pour que les visiteurs d'une résidence familiale (n'importe quelle genre de visiteur) puissent être surpris de l'hospitalité de cette famille parce qu'ils ont accès, dans le hall d'entrée, à un « petit cadeau » original ?*

2. *Que feriez-vous donc pour que le véhicule familial s'intègre harmonieusement à l'architecture paysagère des bungalows de banlieue quand ceux-ci ne disposent ni de garage ni d'abri d'auto ?*

3. *Que feriez-vous donc pour que, en cas de réveil subit en plein milieu de la nuit, un enfant de trois ans puisse se retrouver dans un environnement qui lui est familier, sans que les parents n'aient à se lever ?*

4. *Que feriez-vous donc pour que les artistes soient perçus positivement par les voyageurs quand ils s'amènent dans les métros et autobus avec leurs grands cartables ?*

5. *Que feriez-vous donc pour que l'on puisse disposer des sacs d'ordures ménagères de manière élégante, sans encombrer la façade des maisons d'un bac à déchets ?*

6. *Que feriez-vous donc pour que les nouvelles et potins locaux circulent efficacement chez les résidants d'un bout de rue d'une dizaine de maisons ?*

● ● ● ● ● ● ● ● ● ● ● ● ● ● ● ● ●

4.1.1 Se méfier de l'impulsivité

La première réaction qu'un problème suscite chez beaucoup de gens est le besoin irrépressible de l'éliminer au plus vite. Autrement dit, les gens **réagissent** à l'événement plutôt que de **chercher une solution**. Une telle attitude produira invariablement un certain nombre de solutions irréfléchies. Fondamentalement, la réaction affective à un problème est vicieuse, car elle ne permet pas d'appliquer une procédure efficace de résolution de problèmes. Un médecin ne pourrait pas traiter efficacement un patient qui, chaque fois qu'il gémit, le fait transpirer ou qui le fait défaillir parce que «par dessous l'aile il perd son sang»... On sait d'ailleurs qu'une certaine éthique empêche les chirurgiens de pratiquer des interventions sur leurs proches.

Tout cela, c'est pour parer aux situations conflictuelles d'ordre affectif/rationnel, pour éliminer de la procédure de résolution de problèmes les aspects émotionnels. L'engagement affectif nous fait voir les choses avec une lorgnette égocentrée : on veut alors régler son propre problème au plus vite plutôt que de prendre le temps de régler celui d'autrui (et par ricochet, le sien propre de façon plus définitive). Afin d'apporter une solution satisfaisante pour tous, il faut prendre du recul. Même chose quand il s'agit des idées : il faut soutirer la passion du débat.

Cela ne veut pas dire qu'il faut évacuer tout aspect émotionnel. Le problème à résoudre est toujours jusqu'à un certain point *notre* problème. Par conséquent, il faut que la solution satisfasse aussi bien nos attentes émotionnelles que nos attentes rationnelles. On l'a dit : nous ne sommes pas qu'un cerveau, mais aussi un cœur et un corps. La solution doit satisfaire l'ensemble de notre être dans les limites du possible, puisque l'autre aussi voudra satisfaire l'ensemble de son être.

4.1.2 La solution de problèmes et la prise de décision

Les communicateurs de tout genre sont chaque jour confrontés à des problèmes sur lesquels ils doivent exercer leur capacité à décider de *la bonne solution*. En réalité, c'est le cas pour les professionnels en général, qu'ils travaillent de manière autonome ou qu'ils évoluent à l'intérieur d'une organisation. La compétence propre d'un professionnel est justement de pouvoir donner un avis clair sur un problème posé.

Qu'il soit petit employé ou cadre prestigieux, la situation reste à peu près la même : la fonction d'un professionnel, c'est d'examiner, de reformuler dans des termes adaptés et, à la fin, de proposer des solutions dans la perspective de sa compétence. Ça, c'est faire de la résolution de problèmes.

Le professionnel doit aussi savoir resituer un problème dans un cadre plus général, en tenant compte, par exemple, des objectifs généraux de la personne qui consulte. Sa tâche est alors de prendre en considération l'éventail des contraintes, d'étudier les différentes avenues qui se dessinent et, finalement, de proposer des solutions possibles. Mais décider, s'assurer que la décision prise est effectivement applicable, puis évaluer les résultats, ça, c'est une **prise de décision**, laquelle est en réalité la fonction propre de tout gestionnaire. Mais le commun des mortels n'est-il pas continuellement confronté à des décisions à prendre ?

Le prochain millénaire
Décrivez brièvement ce que sera votre situation en 2010.

1. Quelle sera votre situation sur le plan affectif ?

2. Où en serez-vous dans votre vie professionnelle ?

3. À quoi consacrerez-vous votre temps de loisir ?

4. Où en serez-vous avec vos amis actuels ?

5. Dans quel type d'appartement ou de maison habiterez-vous ?

6. Quel sera votre gadget électronique préféré ?

4.1.3 Nous sommes tous des gestionnaires

Sommes-nous tous destinés à devenir des gestionnaires ? Non, mais il appert que le talent décisionnel est de plus en plus nécessaire à la pratique professionnelle d'un grand nombre des professions.

C'était déjà vrai pour les architectes, les pharmaciens, les dentistes ou les opticiens. Chacun dans son domaine, ceux-ci exercent leurs talents pour résoudre des problèmes particuliers. Mais ces professionnels, hormis ceux formés en gestion et management, doivent en plus exercer une fonction de gestionnaire de projets. S'ils le font avec talent, ce n'est certainement pas avec les notions qui leur ont été inculquées à l'école. Pourtant, presque tous les professionnels doivent jouer un rôle de gestionnaire face aux quatre aspects majeurs de toute entreprise (les 4 *M*, comme le disent les anglophones) :

1. Ils doivent pouvoir trouver du capital et le faire fructifier ; c'est le premier *M*, pour *money*, c'est-à-dire la finance.

2. Ils doivent pouvoir dégoter du personnel, le gérer, noliser les intérêts des personnes en vue d'un objectif ; c'est le deuxième *M*, pour *men*, c'est-à-dire le personnel.

3. Ils doivent savoir instaurer un processus d'accomplissement efficace du travail, faire l'acquisition des machines nécessaires ; c'est le troisième *M*, pour *machinery*, c'est-à-dire la production.

4. Enfin, il doivent démontrer un talent de commerçant, connaître les tenants et les aboutissants de la commercialisation ; c'est le quatrième *M*, pour marketing.

Sans une maîtrise élémentaire de ces 4 *M*, plusieurs professionnels – y compris les artistes ! – seraient incapables d'exercer adéquatement leur métier dans la société contemporaine.

En fait, c'est dorénavant vrai pour la quasi-totalité des professionnels : ils doivent pouvoir maîtriser les 4 *M* de l'entrepreneurship, et ce, pour plusieurs raisons. La première, c'est l'accélération de l'histoire. Les analystes des sciences humaines semblent unanimes à reconnaître que « l'histoire s'accélère » : les changements sociaux surviennent plus rapidement qu'autrefois. Naguère, on apprenait *la* façon de faire les choses, laquelle pouvait servir toute une vie. Désormais, il faut soi-même inventer de nouvelles façons de faire. Les organisations ne peuvent survivre si les problèmes posés doivent toujours remonter au sommet de la hiérarchie pour trouver leur solution. Dans cette perspective, les professionnels doivent démontrer plus qu'avant une ouverture au changement, des aptitudes à résoudre de nouveaux problèmes, à trouver de nouvelles solutions. Sinon, ils risquent d'être eux-mêmes une partie du problème.

La deuxième raison est l'émancipation sociale. Depuis plusieurs générations, notre société évolue de manière à permettre une plus grande autonomie des individus. Plusieurs facteurs interviennent en faveur de cette attitude : un niveau d'éducation accru, une société plus ouverte, une morale plus permissive, etc. Bref, un vent de libéralité persistant souffle dans les consciences. Les individus aspirent à une plus grande *auto*nomie, comptent appliquer l'*auto*gestion, visent à l'*auto*détermination, veulent l'*auto* n'importe quoi. Les personnes ne veulent plus laisser aux autres le soin de leur bien-être ou de leur avenir. Chacun souhaite être l'artisan de son propre bonheur, ce qui exige plus d'aptitudes à analyser, à évaluer, à planifier, à décider.

La troisième raison, c'est l'évolution du marché professionnel lui-même. Il n'y a pas si longtemps, un diplômé d'université était désiré par la société, un poste l'attendait. Désormais, le marché de l'emploi est bouché : il faut donc user d'imagination pour s'y faire une place. Parallèlement, on a découvert que *small is beautiful* : un vent d'initiative souffle sur le marché du travail, si bien qu'un nombre de plus en plus grand de jeunes professionnels mettent eux-mêmes sur pied leur structure d'emploi. Ils se lancent en affaires, s'associent, démarrent des organismes sans but lucratif, etc. Ce sont là des situations qui exigent qu'ils soient – ou qu'ils deviennent – des preneurs de décisions, les gestionnaires de leur propre avenir.

4.1.4 Contourner ses limites

Il faut arriver à contourner ses propres limites, au besoin, en recourant à des artifices gérés par la raison. Bien sûr, c'est une réaction naturelle, voire animale, de se précipiter sur l'obstacle dès qu'il est aperçu. Mais c'est une réaction plus humaine de savoir établir un délai de réaction, de pouvoir différer sa réaction. De cette façon seulement, on peut avoir une vue plus panoramique, éviter de choisir des boucs émissaires...

Bref, il faut, pour être un bon « solutionneur », savoir se hâter lentement. Comme le dit l'adage, « le temps méprise ce que l'on veut faire sans lui ». Si l'on cherche une solution viable, il faut savoir attendre. D'ailleurs, « tout vient à point à qui sait attendre »... Bref, apprivoiser une méthode de résolution de problèmes, c'est déjà mettre de côté une méthode : celle de la facilité et de l'habitude, celle apprise par une petite expérience et généralisée intempestivement.

Exercice 18

Les palindromes

Un palindrome est un mot (ou une phrase) qui se lit aussi bien de gauche à droite que de droite à gauche. Le mot-palindrome le plus facile est le mot « Laval ».

Voici quelques phrases-palindromes :

- *Trace là mon nom à l'écart*

- *La malade pédala mal*

- *Esope reste ici et se repose*

- *Rio se lève le soir*

- *Élu par cette crapule*

Êtes-vous capable de construire un palindrome ?

4.1.5 La rigueur créative

Le processus de résolution de problèmes permet, on le verra, une analyse rigoureuse d'un problème donné. Mais la résolution de problèmes n'est pas un processus fermé. Il s'agit plutôt d'un processus qui permet d'adapter ses approches à chaque problème en particulier, de faire preuve d'ouverture, de manifester sa créativité.

En particulier, il est bon de se rappeler que chaque personne est différente. Chacune tirera conséquemment bénéfice à appliquer sa propre méthode de résolution de problèmes. Cela veut tout simplement dire que chacun peut appliquer une stratégie différente pour examiner un problème et, effectivement, y trouvera une solution différente. D'aucuns recourront systématiquement à des analyses par matrices où chacun des éléments sera pondéré, comme on le fait en recherche opérationnelle. D'autres se fieront plus globalement à leur appréhension intuitive des choses, sans savoir expliquer en long et en large les raisons qui les ont amenés à la solution proposée. Ce qui importe, c'est que tous aient su considérer *toutes* les hypothèses, envisager *tous* les éléments, faire preuve d'ouverture. Pour le reste, tout est question de personnalité.

Certains analysent les faits, scrutent les chiffres, soupèsent les aléas d'une direction ou d'une autre. (Si cette évaluation se fait indéfiniment, ce qui pourrait paraître comme de la prudence ou de la minutie, elle peut n'être que tergiversations, indécision.) À l'opposé, certains, qui semblent jouir d'une faculté de synthèse extrêmement efficace, d'un esprit de décision tranchant, ne sont peut-être que des aveugles impulsifs. Bref, dans un cas comme dans l'autre, il ne s'agit pas d'un processus de résolution de problèmes.

4.1.6 Aucune solution facile aux vrais problèmes

Les vrais problèmes sont ceux pour lesquels on ne possède pas de réponse toute faite.

Il y a plusieurs types de problèmes. On peut les classer selon les trois critères suivants : l'urgence, la fréquence et les conséquences.

L'urgence. Un problème impose une solution plus ou moins rapide selon l'urgence. Un enfant qu'on découvre allergique quand il se fait piquer pour la première fois par une abeille fait éclater un problème urgent pour ses parents ; la situation commande une solution expéditive, si imparfaite soit-elle. Par contre, il n'est pas urgent de remplacer une moustiquaire dans un bungalow de banlieue peu fréquenté par ces bestioles. L'urgence exige une mesure expéditive (ME) : laisser-aller, intuition, réaction impulsive, etc.

La fréquence. Un problème commande une solution plus ou moins procédurale selon qu'il se produit souvent ou pas. Chez McDonald's, plusieurs fois par jour, les jeunes employés doivent disposer des corps gras ; cette situation a amené le management de McDonald's à mettre au point une procédure rigide pour disposer de ces graisses. Par contre, la chaîne de restauration rapide n'a sans doute pas mis au point une procédure pour éliminer une abeille qui s'égarerait dans un restaurant. La fréquence exige une procédure prédéterminée (PP) : un truc, un savoir-faire acquis au fil de l'expérience, une liste de contrôle, etc.

Les conséquences. Un problème commande une solution plus ou moins étudiée selon que les conséquences en cause sont graves ou pas. Le type de secours à apporter à une personne victime d'un choc anaphylactique est le résultat d'analyses systématiques poussées : injection de 0,4 ml d'adrénaline suivie d'antihistaminiques par la bouche ; s'il ne s'agit que d'un urticaire bénin, la procédure recommandée (toujours systématiquement étudiée) est de recourir à une simple pommade pour soulager l'irritation locale. Les conséquences graves exigent une analyse systématique (AS) : formalisation d'une démarche de recherche de la vérité, contrôle des causes et effets, approche scientifique des problèmes, etc.

La moto humaine

Voici une moto qui peut vous éclairer sur la façon dont vous percevez (inconsciemment!) les gens de votre entourage.

Faisons un jeu d'imagination. Chacune des parties de cette moto représente une personne de votre entourage : le moteur, le guidon, la roue motrice, le réservoir, etc. Inscrivez le nom d'une personne que vous connaissez sur chacune de ces parties.

Tirez une conclusion sur ce que cet exercice vous a révélé de votre entourage... ou de votre façon de voir la vie.

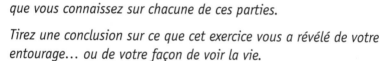

4.1.7 Les 8 types de problèmes et les 3 types de solutions

Un problème est parfois concurremment fréquent et urgent, ou fréquent et grave, ou grave, fréquent et urgent, ainsi de suite.

	URGENCE	FRÉQUENCE	CONSÉQUENCES
Peu	A1	B1	C1
Beaucoup	A2	B2	C2

Nous sommes donc face à huit situations typiques. Chaque type de problème appelle un type de recherche de solution.

Situation n° 1

A1, B1, C1 : Un problème peu urgent, peu fréquent et provoquant peu de conséquences appelle une solution de laisser-aller, du genre « advienne que pourra ».

Situation n° 2

A1, B2, C2 : Un problème peu urgent, fréquent et provoquant beaucoup de conséquences appelle une solution du type analyse systématique.

Situation n° 3

A1, B2, C1 : Un problème peu urgent, fréquent et provoquant peu de conséquences appelle une solution du type mesure expéditive.

Situation n° 4

A1, B1, C2 : Un problème peu urgent, peu fréquent et provoquant beaucoup de conséquences appelle une solution du type procédure prédéterminée.

Situation n° 5

A2, B2, C2 : Un problème urgent, fréquent et provoquant beaucoup de conséquences appelle une solution du type procédure prédéterminée.

Situation n° 6

A2, B1, C1 : Un problème urgent, peu fréquent et provoquant peu de conséquences appelle une solution du type mesure expéditive.

Situation n° 7

A2, B2, C1 : Un problème urgent, fréquent et provoquant peu de conséquences appelle une solution du type mesure expéditive.

Situation n° 8

A2, B1, C2 : Un problème urgent, peu fréquent et provoquant beaucoup de conséquences appelle une solution du type procédure prédéterminée.

Selon la situation, on peut appliquer l'un ou l'autre de trois types de solutions : soit une mesure expéditive, soit une procédure prédéterminée, soit une analyse systématique.

On parle d'une mesure expéditive quand on accepte d'appliquer une solution dictée par le gros bon sens face à un problème qui ne prête pas à conséquences.

On parle d'une procédure prédéterminée quand un problème est fréquent, surtout quand il prête à conséquences, et qu'il a provoqué dans le passé des situations urgentes.

On parle d'une analyse systématique quand un problème prête à conséquences, surtout s'il risque de se présenter fréquemment... et à condition que la situation ne soit pas urgente, bien sûr.

Évidemment, les situations de même que les types de solutions évoqués ici font référence à des situations tranchées, mais dans la « vraie vie », les circonstances ne sont jamais aussi simples. Il faut retenir de tout cela que les vrais problèmes, les problèmes importants, nécessitent de faire appel à toutes les ressources de la personnalité, tant affectives que rationnelles. Ils exigent de mettre en branle toute la créativité d'un individu qui doit s'adapter cybernétiquement à chaque nouveau problème posé.

Mille millions de mille sabords !

On vous livre des objets en vrac à plein camion. Ce sont des « surplus ». Dans chaque cas, vous en avez un millier entre les mains.

Que feriez-vous donc avec 1 000 miroirs de 1 po x 2 po ?

Avec 1 000 roues pneumatiques d'avion ?

Avec 1 000 livres de Cossette invendus ?

Avec 1 000 disquettes d'ordinateur désuètes ?

Avec 1 000 enveloppes de papier brun de 9 po x 12 po usagées ?

4.2 Une procédure d'analyse systématique

Nous ne voulons pas imposer d'analyses systématiques à outrance. Toutefois, les problèmes importants, surtout s'ils ne sont ni très fréquents ni très urgents, permettent d'appliquer une procédure d'analyse systématique qui permettra de trouver des solutions définitives.

Pour exposer une telle procédure, nous nous inspirerons du schéma proposé par Pierre Lemaître dans son livre *Méthodologie appliquée au problem-solving*. Cet auteur présente une procédure en sept étapes susceptible de donner un cadre systématique à une situation de problème/solution.

Les sept étapes suffisantes et nécessaires pour résoudre efficacement un problème sont :

1. Poser limitativement le problème ;

2. Collecter toutes les données pertinentes ;

3. Faire l'analyse critique de ces informations ;

4. Dresser l'inventaire des solutions possibles ;

5. Décider de la solution souhaitable ;

6. Planifier la mise en œuvre de la solution ;

7. Évaluer l'efficacité de la solution implantée.

Bien sûr, on a affaire ici à une énumération d'actions qui s'enchaînent logiquement. Dans la réalité, il n'est pas dit qu'on ne devra pas collecter des renseignements avant de pouvoir poser convenablement le problème ou qu'on ne lancera pas dans un remue-méninges avant d'analyser des informations...

Tentons maintenant de définir ces sept étapes.

1. Poser limitativement le problème

Dans cette étape, il s'agit de circonscrire le problème tel qu'il nous apparaît, de lui imposer des limites claires, larges ou étroites, mais claires. Comme on entend souvent, un problème posé est déjà à moitié résolu. Et c'est vrai. Il est loin d'être facile de poser un problème, car avant de pouvoir reconnaître qu'il y a problème, on nage ordinairement dans un vague sentiment d'insatisfaction. Il faut donc arriver à repérer ce qui nous insatisfait et à se faire une idée de la situation qui nous donnerait satisfaction.

Cerner le problème, c'est donc obligatoirement pouvoir entrevoir un but à atteindre qu'on imagine satisfaisant. C'est aussi pouvoir envisager cette situation insatisfaisante comme une situation qui peut changer, sans quoi il ne s'agit plus d'un problème à résoudre. (On serait plutôt alors en face d'une personne-problème, ce qui nous éloigne de la résolution de problèmes pour nous rapprocher de la psychothérapie...)

2. Collecter toutes les données pertinentes

Si l'on a bien cerné le problème, on peut se mettre à la recherche des informations pertinentes qui se trouvent dans des limites réalistes de coût, d'énergie et de temps. Certains sont atteints d'une compulsion maladive : ils n'ont jamais suffisamment d'information pour se satisfaire. D'autres se contentent de quelques renseignements rassemblés à la hâte. Ce qu'il faut, c'est rassembler suffisamment d'information pour que celle-ci soit représentative de l'ensemble de la réalité étudiée.

Une façon de procéder consiste à s'accrocher à un schéma directif, comme celui de Laswell sur la communication : Qui dit quoi à qui avec quels effets ? On peut y ajouter d'autres questions générales et aussi importantes comme : Où ? Quand ? Comment ? Pourquoi ? Combien ? Et on peut encore ajouter : Avec qui ? Par qui ? etc. Chacune de ces questions peut être examinée dans diverses directions. *Qui* sont ceux qui subissent ? provoquent ? profitent de ? *Quand* nous renseigne sur l'origine, le mouvement rythmique, la tendance actuelle.

Par ailleurs, il ne suffit pas de rassembler de l'information. Il faut encore que cette information soit utilisable au cours des étapes ultérieures. Il faut donc imposer un ordre, une cohérence à un ensemble qui pourrait autrement apparaître disparate. On doit trier, élaguer, classer. Il faut créer des sous-ensembles eux-mêmes bien circonscrits, ce qui s'avère déjà un travail préliminaire d'analyse.

3. Faire l'analyse critique de ces informations

Il faut analyser en profondeur les données recueillies, les critiquer, juger de l'importance relative de chacune par rapport à l'ensemble du problème. Cette étape est cruciale, mais risque souvent d'être entachée de subjectivité. C'est alors qu'il est bon de se connaître soi-même : Est-on exagérément soupçonneux ? ou exagérément naïf ? Évidemment, il est également bon de connaître la psychologie humaine : Cette personne rapporte-t-elle des faits ou ce qu'elle croit que j'aime entendre ? minimise-t-elle le rôle de ses faiblesses dans le problème de façon à se faire valoir sous son meilleur jour ?

Aussi faut-il être averti de deux tendances que nous sommes souvent poussés à donner à nos jugements : l'extrapolation indue et l'inférence indue. L'extrapolation, c'est cette facilité à généraliser, à transposer une caractéristique à un ensemble à partir d'un ou de quelques faits particuliers. (Ex. : Mon père fait de fausses déclarations d'impôts, donc tout le monde essaie de tricher le gouvernement. Mais qu'en est-il véritablement ?) L'extrapolation s'avère une erreur fréquemment répandue !

L'inférence est cette tendance à tirer une conclusion à partir d'un petit fait qui ne serait normalement pas suffisant pour comprendre une situation. (Ex. : Ginette est triste ce matin ; ce doit être parce qu'elle est seule depuis qu'elle a laissé tomber son ami de cœur. Mais qu'en est-il au juste ? Peut-être que sa grand mère est morte...)

Ces deux tendances doivent être évitées comme la peste. Si l'on veut devenir un solutionneur averti, il faut pouvoir analyser des faits, non des croyances, non des fantasmes...

Pour arriver à faire une analyse intelligente des faits, il faut réussir à éviter **cinq écueils** : la fabulation, la paralogique, la personnalisation, la simplification outrancière et l'opposition binaire.

La **fabulation** est cette manie qui amène certaines personnes à prendre le produit de leur imagination pour la réalité. (Ex. : C'est parce que les professeurs ne m'aiment pas que j'ai subi un échec pour l'ensemble du trimestre.) La fabulation s'exprime sous plusieurs formes, anodines ou maladives, mais ce que nous voulons souligner ici, c'est la difficulté pour certains de voir la réalité telle qu'elle est. Bien entendu, il s'agit là d'un handicap majeur pour trouver une solution valable à un problème réel.

La **paralogique** se traduit par cette facilité qu'ont certaines personnes à argumenter de manière apparemment logique, mais, en fait, leurs raisonnements ne résistent pas à un examen sérieux. (Ex. : Tant qu'à avoir une critique qui soit mauvaise, j'aime mieux n'en avoir aucune, mais qu'elle soit bonne ! [! ! !]) Le monde est en effet peuplé de gens qui sont prêts à défendre leur point de vue obstinément. Plusieurs n'hésiteront pas à se défendre, consciemment ou non, avec des argumentations biaisées : en tronquant la vérité, en prenant des positions qui outrepassent largement ce qu'ils pensent, en portant des coups bas sur la personne plutôt que sur l'objet de l'argumentation, etc.

La **personnalisation** est ce besoin qu'ont certaines personnes à trouver un coupable, le bouc émissaire, pour tout problème (Ex. : Si l'on apprend peu dans ce cours, c'est à cause du directeur qui y a accepté trop d'étudiants ou du prof qui est ennuyeux ou d'Albert qui sème toujours la pagaille.) Il faut savoir que beaucoup de problèmes ne résultent pas nécessairement de l'action d'une personne, mais bien d'autres causes : circonstances historiques, structures organisationnelles, etc. Les choses aussi posent un poids sur la réalité.

La **simplification** à outrance s'avère cette propension à synthétiser au point de rendre la réalité méconnaissable. Se contenter d'une seule cause explicative est une simplification outrancière d'une réalité qui n'est pas souvent le résultat d'une seule cause. (Ex. : Le programme de communication graphique n'est pas adapté au marché du travail parce qu'on n'y enseigne pas le graphisme par ordinateur.)

L'**opposition binaire**, c'est cette attitude qui tend à diviser continuellement le monde en deux : les bons et les méchants, blanc ou noir, comme s'il n'y avait jamais de gris. C'est comme si tout humain n'était pas parfois bon et parfois méchant, ou tout à la fois bon et méchant (Ex. : Tel prof est un « écœurant », alors que tel autre est super.) Le monde n'est pas structuré de manière oppositionnelle, c'est notre cerveau qui est structuré ainsi. Le monde est structuré de manière holiste, c'est-à-dire que chaque élément est à la fois la partie d'un tout et un tout divisible en parties... ainsi à l'infini. Le lien des choses entre elles est donc plutôt de type radial.

Ces cinq façons de penser constituent des pièges à éviter pour arriver à faire une analyse critique valable.

4. Dresser l'inventaire des solutions possibles

Nous arrivons à l'étape de la résolution proprement dite, l'étape où la créativité s'exerce véritablement. C'est ici qu'interviennent toutes les techniques d'inventivité. Il faut y recourir de manière extensive afin de faire le tour de toutes les solutions possibles. L'important est de disposer d'un éventail de solutions. C'est la seule façon de pouvoir choisir en toute liberté. Si l'on s'arrête dès que l'on a isolé une première solution, on est à peu près assuré qu'on aura en main une solution facile, voire traditionnelle, au problème posé. Les solutions les meilleures sont habituellement celles qui se sont dessinées après qu'on a fourni un effort de recherche pour accéder à la découverte. Il n'y a pas de solutions données, il n'y a que des solutions trouvées, après recherche, évidemment !

5. Décider de la solution souhaitable

Il faut enfin décider de *la* solution. Non pas qu'il n'y ait qu'une seule bonne solution (on l'a déjà dit !) mais parce qu'il y a peut-être une *meilleure* solution que les autres, compte tenu d'un ensemble de facteurs.

Certains facteurs sont liés au décideur : ses traits de personnalité (introversion ou extraversion, par exemple), ses attitudes fondamentales (timoré ou fonceur), ses motivations du moment (se faire valoir ou chercher le bien du groupe).

Des facteurs issus de l'environnement social dans lequel évolue le décideur ont aussi une influence : l'ouverture du milieu social (traditionaliste ou innovateur, par exemple), le statut social joué par le groupe dont le leader est décideur (on s'attend tous à ce qu'un professeur d'université agisse de manière moins impulsive qu'un concepteur publicitaire), les valeurs privilégiées dans la société en question (une solution fondée sur des critères économiques sera mieux reçue que celle basée sur des critères esthétiques), la procédure même adoptée pour inventorier les solutions influera sur le type de solutions trouvées.

Décider, c'est évaluer les effets que produirait chacune de ces solutions si on l'adoptait ; c'est aussi évaluer les effets qui surviendraient de toute manière si on ne l'adoptait pas. Il s'agit de mener une étude de faisabilité, comme on dit aujourd'hui...

Prenant en considération toutes ces variables, en les pondérant au besoin, on s'efforcera d'isoler la solution la meilleure ; la meilleure ou la moins mauvaise, sans plus dans certains cas. Il faut bien se rendre compte que les situations où *toute* l'incertitude a été évacuée avant de décider se font rares. La plupart des décisions sont prises dans une situation où les données manquent encore pour pouvoir décider en toute connaissance de cause. Même les modèles produits par la théorie de la décision la plus poussée laissent place à la probabilité.

C'est pour cette raison que les décideurs doivent toujours compter sur un certain flair pour prendre la meilleure décision. Par ailleurs, la meilleure n'implique pas qu'elle soit la meilleure dans l'absolu, la meilleure idéalement, la meilleure en théorie. La meilleure, c'est la meilleure compte tenu des circonstances de temps, d'espace, de coût, de goût, etc. C'est la meilleure *ici et maintenant*.

6. Planifier la mise en œuvre de la solution

Une fois la solution choisie, il faut établir un plan de réalisation de cette solution. Ce n'est pas parce qu'une solution paraît résoudre un problème que le problème sera effectivement résolu. Il faut savoir passer à la phase de mise en œuvre concrète, ce qui est souvent d'ailleurs une autre paire de manches. Une solution qui apparaissait tout à fait adaptée dans notre tête pourra se révéler inapplicable au moment où l'on se mettra à la préciser, à la détailler en vue de son implantation.

La mise en œuvre implique habituellement une trace de cette solution : un rapport, un procès-verbal, une maquette, enfin un élément tangible qui permettra à tous les intervenants, le cas échéant, de retourner à la source de l'action à exécuter. Sinon, la solution risque de s'enliser, ou de bifurquer, ou de s'atomiser. S'assurer d'un document de réalisation, c'est ce qui s'appelle dans le langage des gestionnaires « assurer le suivi ».

7. Évaluer l'efficacité de la solution implantée

Ultimement, il faudra faire l'évaluation systématique des effets produits par la solution implantée. A-t-elle véritablement produit les effets escomptés? Autrement dit, a-t-on résolu le problème de départ de manière satisfaisante ou est-ce qu'on se trouve confronté à un nouveau problème? Il arrive en effet qu'une solution implantée amène de nouveaux problèmes...

Bref, la résolution de problèmes n'est pas simplement un exercice théorique, mais une procédure pour éliminer ses sentiments de frustration devant une situation qui cause problème. Si la frustration persiste, il y a toujours problème.

Le caviar, c'est des œufs

Dans les chapitres précédents, nous avons approfondi le rôle crucial que joue l'intuition dans la résolution de problèmes. Mais attention : *intuition* n'est pas synonyme d'*impulsivité*. L'impulsivité contient une connotation négative associée à l'idée d'une réaction automatique, animale, quasi bestiale, à un événement déclencheur : une foule qui est prise de panique lors d'un début d'incendie réagit de façon *impulsive*.

Par contre, un scientifique – si créatif soit-il – n'est pas impulsif parce qu'il est intuitif, qu'il a recours aux forces subconscientes. Einstein estimait que « la religiosité cosmique est la plus puissante et la plus noble force agissante de la pensée scientifique ».

Or, faire de la « problémation », c'est justement aborder un problème avec une approche intellectuelle et contrôlée, ce qui est à l'opposé du remue-méninges dont nous parlerons au chapitre suivant.

Contrôler une situation « façon problémation » se réalise par étapes. Il faut examiner à fond une situation problématique, prendre le temps d'en résumer clairement les tenants et aboutissants, faire l'inventaire des voies de solutions possibles, et alors seulement décider quelle solution est la meilleure.

La problémation est un outil utile à tout travailleur. En effet, il n'y a pas si longtemps, la responsabilité du *problem-solving* appartenait au gestionnaire, au responsable, au chef. Désormais, tous peuvent, de manière plus ou moins autonome, faire face à leurs machines.

Dans cette nouvelle société de travailleurs autonomes, la coordination générale du travail à un niveau supérieur ou stratégique se fait de manière globale et « préprogrammée », par approche de réingénierie – ou à l'aide d'un concept à la mode de ce genre !

Toutefois, dans la rue, dans la jungle quotidienne, l'organisation tactique du travail appartient à l'individu. Si bien que le travail de « résoudre les problèmes » au jour le jour appartient à chacun. Chacun doit donc faire du *problem-solving*.

Avec une telle organisation du travail, toute la charge du management quotidien repose sur un seul individu : échéancier des projets, coordination avec les collaborateurs, contrôle des budgets, entretien des équipements, mise à jour des connaissances, *self marketing*, ainsi de suite.

La question de la gestion du temps elle-même devient cruciale ; les éléments à gérer sont nombreux et importants. Il devient facile de plier sous le poids des responsabilités. En effet, comment résoudre tant de problèmes à la fois ?

Si l'on veut résumer les situations problématiques de façon caricaturale, on peut dire qu'il existe de « gros problèmes » (qui ont des conséquences graves, surtout s'ils arrivent fréquemment) et de « petits problèmes » (qui ont peu de conséquences).

Dans l'esprit du *problem-solving*, les petits problèmes ne sont pas des problèmes. Ils peuvent donc être résolus à l'aide de mesures expéditives, voire impulsives, ou ils peuvent être tout simplement oubliés. De toute manière, ce n'est pas bien grave. Le perfectionniste s'en désolera, mais le travailleur qui comprendra cela sentira ses épaules allégées d'autant.

On doit consacrer ses énergies à résoudre les gros problèmes, en en faisant une analyse systématique pour arriver à trouver une solution prédéterminée. C'est là l'esprit du *problem-solving*.

Voici d'ailleurs ce que disait Lord Thomson of Fleet, magnat canadien de la presse : « Si l'on veut réussir, on doit réfléchir, réfléchir jusqu'à en avoir mal. On doit garder son problème en tête jusqu'à ce que ça devienne évident que tous ses aspects ont été pris en considération. »

LE REMUE-MÉNINGES

La créativité est une fleur délicate que la confiance fait éclore, mais que le doute fane au bourgeon.

ALEX F. OSBORN
PUBLICITAIRE AMÉRICAIN

À peu près tout le monde aujourd'hui a entendu parler du remue-méninges (*brainstorming*). On ne sait trop comment ça fonctionne vraiment ni à quoi ça sert, mais au moins on connaît le terme.

Une multitude de livres ont été écrits sur le sujet, des consultants ont offert leurs séminaires d'éveil, des universités ont mis au point des programmes de formation. L'Université de New York à Buffalo propose même une maîtrise sur le sujet. Malgré cela, on ne connaît généralement que très mal la méthode. Ainsi, peu de gens savent que le remue-méninges puise ses origines dans la publicité.

115

5.1 Qu'est-ce que le remue-méninges ?

De nos jours, presque tout le monde en publicité prétend tenir des séances de remue-méninges. Plusieurs personnes, chez les publicitaires même, s'imaginent que le remue-méninges consiste à chercher des idées originales sur n'importe quoi et n'importe comment. Selon eux, il suffirait de rassembler quelques personnes qui lancent des idées à tort et à travers et le tour est joué.

Erreur ! Au fil des années, la méthode de créativité dite *remue-méninges* s'est précisée, a été théorisée par les chercheurs. Elle a acquis ses lettres de noblesse, a fait ses preuves, pourrait-on dire. Aujourd'hui, autant les universitaires que les gestionnaires épris de rendement s'intéressent à cette technique de résolution de problèmes.

5.1.1 La publicité : berceau du remue-méninges

Le *brainstorming* a vu le jour dans les années 50 à l'agence de publicité Batten, Barton, Durstine & Osborn (on l'appelle familièrement BBDO) de New York. BBDO se situe parmi les plus grandes agences en importance dans le monde avec un chiffre d'affaires, en 1997, de 7,5 millions $US.

C'est Alex F. Osborn, l'un des quatre associés fondateurs, qui s'est intéressé aux recherches sur la créativité. Il avait été mis sur cette piste par Dewitt Wallace, éditeur fondateur du *Reader's Digest*. Osborn devint vite convaincu que son agence pourrait tirer profit de l'application de techniques de créativité et, dès 1938, il organisait la première séance de créativité de groupe à son agence. Il eut bientôt sous les yeux la preuve évidente qu'il avait mis la main sur un coffre au trésor (ou sur la poule aux œufs d'or !), à tel point qu'il devint un passionné propagandiste de cette discipline dans toute l'Amérique.

Comme ce fut le cas de beaucoup de riches entrepreneurs américains, Osborn fut bientôt habité par une idée philanthropique : le remue-méninges pourrait révolutionner le monde de l'éducation lui-même. Aussi, peu après, contribua-t-il à mettre sur pied la Creative Education Foundation à Buffalo, fondation dans laquelle il injecta de fortes sommes.

Osborn résumait ainsi le but de cette fondation : « Apporter un vent de créativité dans la pédagogie états-unienne. » Il réussit si bien à intéresser le milieu universitaire que, dès 1967, se donnaient au State University College à Buffalo des cours en études créatives. À partir de 1972, on approuva un programme complet d'études, et en 1975 fut établi un Master of Science in Creative Studies. En 1976, le Center for Studies in Creativity était mis sur pied et la bibliothèque du New York State University rassemble désormais la plus importante collection au monde de livres et documents sur la créativité.

Exercice 21

Le travail à la chaîne
*Voici cinq paires de mots. Insérez entre les deux termes de
chaque paire une chaîne-lien **d'au moins trois et d'au plus cinq
mots**,
de telle sorte que l'enchaînement du sens se fasse naturellement
de l'un à l'autre. Exemple : de « souris » à « mastic » : souris,
ordinateur, Mac, couleur, mastic.*

1. hippopotame   vitre
2. cube   néon
3. fraises   romancier
4. grillage   sapinière
5. feuille   plomb

5.1.2 L'imagination constructive

Alex F. Osborn publie en 1953 son livre *Applied Imagination* que l'on a traduit, en 1971, sous le titre *L'imagination constructive*. Avant même que la traduction française ne soit lancée, plus de 100 000 exemplaires avaient été vendus en anglais. Ce qui n'est pas mal pour un ouvrage de plus de 350 pages à l'allure sévère (la jaquette n'est pas graphiquement créative!).

Ce livre souleva une immense vague d'intérêt. Les gestionnaires en particulier étaient renversés de voir comment cette méthode semblait permettre de trouver des solutions à des problèmes précis. Des 10 plus grandes entreprises américaines, 9 avaient dans la décennie mis en place des programmes de formation en créativité. Chez GM, on avait émis 500 diplômes en créativité. Chez IBM, tout le personnel devait suivre une formation en créativité. Des centaines d'universités et de collèges se sont mis à enseigner la créativité; dès le début des années 70, on en recensait plus de 60 qui avaient mis un tel cours à leur horaire. Mais mis à part l'engouement qu'il provoque, peut-on savoir si l'enseignement de la créativité produit des personnes plus créatives?

Deux témoignages nous donneront un son de cloche répété (ding et dong!) sur cette question. Le professeur John Arnold du réputé Massachusetts Institute of Technology (MIT) émet le jugement suivant sur les cours qu'il donne en *creative engineering*: «Une personne qui s'est exercée à appliquer les procédés créatifs a de plus grandes chances de trouver des améliorations valables pour un objet donné qu'une personne ne possédant pas un tel entraînement.» Prudent comme un prof d'université mais néanmoins positif! Arnold est devenu lui-même un gourou dans les cercles d'ingénieurs. Un porte-parole de la General Electric, qui organisait depuis 15 ans des sessions de *creative engineering*, affirmait: «Les diplômés de notre programme continuent à développer de nouveaux procédés et des idées brevetables à la cadence moyenne de presque trois fois supérieure à celle des non-diplômés.» Voilà qui est plus clair.

Le Dr Sidney J. Parnes, directeur du programme d'études créatives de l'Université de Buffalo, a effectué une recherche dans le milieu étudiant.

Il conclut qu'après un semestre de cours les étudiants peuvent générer presque deux fois plus d'idées utilisables (+94 %) que ceux qui n'ont pas subi cette formation. D'autres recherches ont été réalisées sur les effets des cours de créativité sur les étudiants. Elles concluent quasi unanimement que ce type de formation augmente l'assurance, l'initiative et plusieurs autres qualités associées au leadership professionnel.

Il ne faut toutefois pas confondre le génie créatif avec les génies en herbe, au sujet desquels le chercheur sur la créativité L. L. Thurstone a écrit ceci : « Les génies en herbe sont souvent considérés comme des génies ; ils possèdent certainement une mémoire exceptionnelle, mais je doute qu'ils aient aussi la faculté de produire de nouvelles idées. » Ce que les cours sur la créativité ont justement la prétention de stimuler.

5.1.3 Les femmes sont plus créatives

Plusieurs recherches ont été menées pour établir l'influence du sexe dans la créativité. Je vous en glisse un mot seulement, pour ne pas stimuler un esprit de vengeance créative...

La recherche a démontré que la créativité des femmes est entre 25 % et 40 % supérieure à celle des hommes. L'une des raisons qui expliquent ce phénomène est que les femmes abordent les événements d'une manière moins théorique, moins abstraite, moins logique. Par contre, les mêmes recherches démontrent que les hommes font plus souvent des trouvailles sensationnelles. Comme pour d'autres traits de leur personnalité, les hommes sont bons pour frapper de grands coups... mais peu fréquents.

Le mot croisé magique

Certains « savants » se sont amusés à construire des palindromes complexes qui se lisent identiquement dans tous les sens.

Celui-ci, qui signifie « le laboureur tient les manchons de sa charrue », a été réussi par un poète latin :

S	A	T	O	R
A	R	E	P	O
T	E	N	E	T
O	P	E	R	A
R	O	T	A	S

Êtes-vous capable d'en construire un ?

5.2 La méthode états-unienne d'Osborn

On connaît les Américains pour leur pragmatisme. Le remue-méninges est une méthode de créativité qui a été mise au point pour solutionner des problèmes précis et concrets, en non pas pour stimuler l'imagination de manière générale et abstraite. Cette méthode a été élaborée petit à petit dans le laboratoire de la pratique, dans la vraie vie. Et elle fonctionne ! Mais avant de présenter le remue-méninges dans le détail, écoutons son instigateur, Alex F. Osborn : « La délibération d'un groupe ne mérite le nom de remue-méninges que si l'on se conforme strictement au principe premier qui consiste à s'abstenir de juger. »

Dans cette mise en garde, deux éléments fondamentaux du remue-méninges ressortent : cette méthode de créativité s'appuie sur le *groupe* comme stimulant, mais en prenant soin d'*éliminer la censure* quant aux idées émises.

5.2.1 La création en groupe

Le *brainstorming* est une technique de créativité qui s'appuie sur le groupe pour stimuler l'individu en lui permettant d'exprimer librement ses idées. Il a été démontré que les individus ont davantage d'idées quand ils sont poussés par un groupe de pairs plutôt qu'isolés. Il semble en effet que le groupe permet à chaque membre de concevoir un plus grand nombre d'idées par un effet de réaction en chaîne, comme celle produite par une allumette lancée dans un tas de pétards : un pétard explose, puis deux ou trois, puis plusieurs dizaines et, à un moment donné, c'est presque l'ensemble qui éclate en quelques secondes. Il en va de même des idées : quelqu'un émet une idée qui déclenche par association, chez un autre participant, une ou deux idées qui, à leur tour, déclenchent plusieurs dizaines d'idées dans la tête de plusieurs personnes, etc. Nombre de recherches ont démontré que les associations libres étaient de 65 % à 93 % plus productives quand elles étaient réalisées en groupe.

Le travail de groupe stimule aussi l'esprit de compétition. L'esprit de compétition a été fort décrié ces dernières années, mais il s'avère tout de même que c'est dans les pays où la compétition est possible que les gens ont le plus d'idées. On sait bien que dans les grandes organisations bureaucratisées ou dans les États d'obédience communiste avec « bureau central du plan », les initiatives s'éteignent presque d'elles-mêmes. Toujours est-il que la compétition que suscite le groupe fait tourner plus vite les petites roulettes du cerveau de chaque participant : le rendement mental s'accroît de 50 % estiment les chercheurs.

Chacun son métier

Les métiers, sous un angle ou sous un autre, ont toujours quelque chose en commun. Examinez la grille ci-dessous (horizontalement, verticalement ou diagonalement) et déterminez ce qu'il y a de commun aux quatre métiers concernés.

plombier	comptable	écologiste	fermier
informaticien	électricien	éboueur	graphiste
gestionnaire	pilote d'essai	astronome	menuisier
réceptionniste	laborantin	professeur	maçon

5.2.2 À bas la censure !

Par ailleurs, on connaît la technique du renforcement positif révélée par B. F. Skinner, le grand psychologue behavioriste de l'Université Harvard. Le principe de fonctionnement du behaviorisme est le suivant : si vous manifestez une approbation devant un comportement humain, vous créez un renforcement positif qui, inconsciemment, fera revenir le même comportement plus souvent et plus fortement.

À l'opposé, le remue-méninges exige de réserver son jugement ; on élimine ainsi la censure du groupe. Mieux ! Grâce aux nouvelles idées lancées qui s'enchaînent aux précédentes, on crée un renforcement positif chez les participants qui émettent une idée. En effet, le groupe a l'air d'apprécier les idées émises, puisque les membres sont capables d'enchaîner d'autres idées, ce qui constitue un renforcement positif. Les participants sont donc ainsi poussés à émettre de nouvelles idées.

Le remue-méninges est tout à fait à l'opposé du mode traditionnel de discussion qui encourage le jugement critique : Cette idée est-elle recevable ? La logique sous-jacente est-elle cohérente ? Il va de soi que les gens « intelligents » analysent les opinions d'autrui et cherchent à trouver la faille dans leur raisonnement. Ainsi, on provoque nécessairement un comportement de réserve chez les protagonistes, une inhibition et, ultimement, un tarissement des sources créatives.

5.2.3 Les 4 exigences pour un bon remue-méninges

Pour qu'une séance de remue-méninges fonctionne bien, les participants doivent connaître, assimiler, retenir et mettre en application les quatre exigences fondamentales suivantes :

1. Non au jugement critique ;
2. Oui à l'imagination débridée ;
3. Oui à la quantité ;
4. Oui à l'enchaînement des idées.

Tant que les participants n'ont pas compris que ces quatre conditions sont nécessaires à la production des idées en groupe, ils n'ont pas compris ce qu'est le remue-méninges et ils ne se remuent pas les méninges...

Le jugement en veilleuse. Dans une séance de remue-méninges, il faut éviter de recourir au jugement critique. Non pas que le jugement critique soit superflu pour les créatifs, mais il n'est nécessaire qu'ultérieurement. Osborn lui-même affirme que « l'imagination sans jugement est plus regrettable que le jugement sans imagination ».

Le jugement critique est toutefois désastreux pendant la séance de remue-méninges. Au cours de celle-ci, toute la place est laissée à l'impulsivité, à ce qui sourd des profondeurs. On exercera son jugement critique plus tard, au moment d'élaguer, de choisir.

Le pouvoir à l'imagination ! Pour un remue-méninges productif, il faut miser sur l'imagination débridée. L'individu créatif résiste à se censurer lui-même. Pour être créatif, il faut en effet savoir laisser sortir ses idées, *toutes* ses idées, même les plus folles.

Dans le feu d'une séance de créativité, on ne peut se permettre de soupeser son idée, à savoir si elle est folle ou recevable. C'est d'autant plus vrai qu'une idée « niaiseuse » déclenchera peut-être un train d'idées efficaces chez les coéquipiers. Il faut donc avoir le courage de ses idées, de **toutes** ses idées, des plus plates aux plus scatologiques.

Quantité par rapport à qualité. Au cours d'une séance de remue-méninges, c'est la quantité d'idées que l'on vise et non pas la qualité. La preuve a été faite qu'on a plus de chances de trouver la qualité au sein de la quantité qu'en situation de rationnement. Les recherches sur le remue-méninges ont prouvé que les idées utiles se retrouvaient le plus souvent dans une vaste collection d'idées plutôt que dans un petit inventaire.

Ainsi, il est probable que le pourcentage de génies créatifs est aussi grand au Québec qu'aux États-Unis, mais, compte tenu de la population, on risque de se retrouver avec 40 fois plus d'idées de génie chez nos voisins du sud qu'au Québec. Bref, la meilleure façon de trouver avec une bonne idée, c'est encore d'en produire davantage.

Voici par exemple un problème (adapté d'Osborn) posé à des pilotes d'avions. Supposons que les lignes à haute tension d'Hydro-Québec qui partent de Manic jusqu'à Montréal risquent de se rompre sous le poids du verglas. Comment rétablir la situation dans le délai le plus bref ? Quelles solutions proposez-vous ?

Les pilotes à qui l'on avait soumis ce problème s'étaient mis au travail et pensaient bien trouver *la* solution rapidement. Après 10 idées, ils se trouvaient productifs ; après 25, ils se trouvaient géniaux.

La meilleure solution connue jusque-là avait été trouvée lors d'un problème similaire qui s'était produit dans la région de Seattle en 1952 : il s'agit simplement (?) de faire voler des hélicoptères au-dessus des lignes et le souffle des pales fait tomber le verglas en un temps record. Mais ce n'est qu'à la 36e idée que survint la solution des hélicoptères. Si les pilotes s'étaient arrêtés à la 10e ou à la 25e idée, ils n'auraient pas trouvé la solution qui est toujours la meilleure, soit celle des hélicoptères.

En fait, on a montré que la deuxième moitié d'une séance de remue-méninges produisait 78 % plus d'idées efficaces que la première moitié. C'est pourquoi il faut produire, produire, produire. Le nombre des bonnes idées dans une tête est infini. Et que dire de ce que l'on peut trouver dans plusieurs têtes !

L'enchaînement des idées. On doit comprendre qu'il n'est pas suffisant de réserver ses critiques. Il faut encore être capable de se servir des idées des autres comme tremplin pour amener d'autres idées devant le groupe. Il faut savoir améliorer les idées des autres, les regarder avec un œil d'envie, les admirer, leur sauter dessus comme un chien affamé sur un os. Bref, il faut savoir faire flèche de tout bois. C'est de cette façon qu'on devient un véritable coéquipier.

Évoconteur !

Décrivez de la façon la plus imagée possible l'une des odeurs suivantes à quelqu'un qui ne l'a jamais sentie. Recourez au sort pour désigner la senteur à décrire parmi les odeurs de :

1. *L'encre d'imprimerie*

2. *La gomme à affacer*

3. *Le noyau de pêche qu'on casse*

4. *L'allumette qu'on frotte*

5. *Le gazon frais coupé*

6. *Le pneu qui chauffe*

5.2.4 La constitution d'une équipe

Le remue-méninges est une technique de production d'idées en équipe. Mais qu'est-ce qu'une équipe ? Combien de personnes est-il possible d'intégrer dans une équipe ? Combien de personnes rassemble l'équipe idéale ? Examinons la question.

On rapporte que des séances de remue-méninges ont déjà été menées efficacement avec des groupes de 200 personnes, si incroyable que cela puisse paraître. Mais il s'agissait « d'expériences » de théoriciens. Dans la « vraie vie », on tient des séances de remue-méninges avec des équipes beaucoup plus modestes. L'équipe raisonnable se réduit à la taille d'un groupe restreint, groupe dans lequel peut se manifester une réelle dynamique.

L'équipe idéale recommandée par les experts du remue-méninges est constituée de 12 personnes. Cela est vrai pour l'équipe d'idéation proprement dite, mais, à l'étape de la décision, une équipe réduite de cinq personnes sera sans doute plus efficace.

Cependant, la réalité oblige le plus souvent à travailler avec un groupe plus ou moins professionnel. Un groupe de remue-méninges « de routine » efficacement constitué comprendra cinq membres professionnels de la créativité : un meneur de jeu, un secrétaire et cinq membres permanents qui assurent le rythme. Chacun aura été choisi pour sa facilité à exprimer des idées nouvelles. Les autres seront des participants occasionnels ou *ad hoc*.

En ce qui a trait aux participants occasionnels, on aura intérêt à intégrer quelques spécialistes du problème étudié. On aura aussi avantage à s'assurer que des femmes autant que des hommes sont appelés à faire partie d'un groupe de créativité : cela enrichira d'autant plus notre banque d'idées que celles-ci proviendront de deux univers intérieurs complémentaires. Par ailleurs, il n'est pas défendu qu'une équipe soit composée majoritairement de femmes si le problème étudié est un problème de femmes... se rappelant encore que la dynamique sera plus vive si l'on fait aussi appel à des participants mâles. Et vice et versa !

Par contre, il faut éviter de combiner dans un même groupe des individus issus de différents rangs sociaux. Non pas à cause de la lutte des classes, mais tout simplement parce que la plupart des gens sont pointilleux quant à leur statut et que leur rôle social pourrait les empêcher de s'exprimer librement. En particulier, il faut éviter qu'un supérieur participe à une séance où le groupe est constitué d'employés subalternes, qu'un professeur s'intègre à un groupe constitué d'étudiants, qu'un vendeur assiste aux échanges d'une équipe rassemblant des clients potentiels, etc.

Une fois l'équipe constituée, il est bon de porter à sa connaissance les principes fondamentaux de la créativité et d'expliquer par le détail la technique du remue-méninges. Il faut prévoir une présentation d'environ une demi-heure.

5.2.5 Un meneur de jeu directif

C'est l'évidence même, le meneur de jeu doit être compétent en remue-méninges. Il doit aussi connaître les techniques générales d'animation de groupes.

Sa tâche principale consiste à permettre à tous les participants de s'exprimer dans un climat d'acceptation et de liberté. Le meneur de jeu sera habituellement discret, dans la mesure où tous les membres du groupe réussissent à s'exprimer librement et qu'ils continuent à se pencher sur le problème posé au départ. Il doit surtout prévenir les égarements ou déceler un éventuel membre écrasé par le groupe.

Il est bon que le meneur de jeu ait lui-même préparé son sujet avant le début de la séance. Il devrait avoir fait le tour de la question posée et lancé sa propre série d'idées. Cela constituera une banque d'idées pour la séance de *brainstorming* qu'il animera. Si, par exemple, la source venait à se tarir chez les participants, il pourra émettre ses idées pour relancer le groupe.

Le meneur de jeu aura aussi constitué une grille évoquant l'univers du problème à examiner. Cette grille mentionnera les divers angles à partir desquels on peut examiner le problème. Le meneur de jeu pourra se servir de ces avenues pour relancer les participants qui seraient en train de s'enliser.

Cependant, plus important encore dans l'étape de la préparation, le meneur de jeu se sera assuré que le problème posé est véritablement un problème simple et concret. Si le problème posé est trop vaste, il s'efforcera de le diviser en plusieurs problèmes élémentaires. Un seul de ces problèmes sera abordé dans une même séance. Si le problème est présenté de manière abstraite, il tentera de le résumer en des termes concrets et de l'exposer sur le terrain des problèmes concrets à régler.

Il incombe aussi au meneur de jeu d'assurer le bien-être matériel et émotif de ses équipiers. La disposition en cercle s'impose, de manière à ce que chaque intervenant puisse voir les autres.

On évitera d'asseoir les participants derrière des tables qui créent toujours une barrière psychologique. Le meneur de jeu suggérera aux participants de se mettre à aise, d'enlever la veste et les souliers ou de se désaltérer. Peut-être même est-il souhaitable de démarrer la séance après un repas pris en commun : le partage du pain brise les défiances superficielles et tisse des liens émotifs.

Le meneur de jeu aura prévu papier et crayons pour les participants. En effet, les participants productifs n'auront pas l'occasion d'émettre toutes leurs idées devant le groupe. Ces participants noteront donc leurs idées eux-mêmes.

Enfin, le meneur de jeu mettra les participants en selle en les lançant dans une courte séance d'essai sur un sujet simple et fictif du genre : Comment pourrait-on améliorer les stylos-feutres actuels ? Ou encore, comment décupler la rapidité des communications entre les employés et les patrons ?

Trois... ou quatre enfants ?
La maman de Toto a trois enfants :
Pif, Paf et... ?

Euh... Comment avez-vous dit ?

5.2.6 La conduite d'une séance

Nous avons examiné en long et en large les principes et les approches du remue-méninges. Précisons maintenant que le remue-méninges se déroule normalement en trois temps :

- Une séance de groupe ;

- Une séance individuelle ;

- Une nouvelle séance de groupe.

On a en effet remarqué que cette façon de faire permettait de colliger un nombre encore plus grand d'idées précieuses et, surtout, d'en laisser échapper le moins possible.

Nous allons maintenant jeter un rapide coup d'œil sur les quelques points qui régissent le déroulement d'une séance de groupe.

Étape A : Le meneur de jeu rappelle les quatre exigences fondamentales :

1. S'abstenir de tout jugement critique ;

2. Laisser libre cours à son imagination ;

3. Essayer de produire le plus grand nombre d'idées ;

4. Essayer d'enchaîner à partir d'autres idées.

Étape B : Le meneur de jeu installe une affiche sur laquelle sont rappelées ces quatre exigences et la laisse bien en vue tout au long de la séance.

Étape C : Le meneur de jeu expose les huit règles pratiques de fonctionnement :

1. Chaque participant doit lever la main pour pouvoir lancer une idée.

2. On peut lancer une seule idée par intervention.

3. Ceux dont l'idée est une « réplique par enchaînement d'idées » obtiennent priorité sur les autres en claquant des doigts quand ils lèvent la main.

4. Quand il y a encombrement, chaque participant note ses idées pour ne pas les perdre.

5. Chaque idée doit être exposée et notée de manière extrêmement concise (cinq ou six mots tout au plus : les explications viendront plus tard) ; le meneur ne demandera pas aux participants de répéter ni de s'expliquer.

6. Le secrétaire note les idées les unes à la suite des autres en les numérotant.

7. Le meneur de jeu stimule les participants en leur mentionnant de temps à autre le nombre d'idées qu'a dégagées le groupe jusqu'à maintenant.

8. La séance s'arrête après 30 ou 45 minutes.

Étape D : Le meneur de jeu remet à chaque participant une fiche sur laquelle le problème à solutionner est résumé.

La fiche comprend trois points :

- Le contexte général dans lequel se situe le problème ;

- La question qui exige une réponse exprimée de manière simple et précise ;

- Deux exemples concrets et pertinents du type de solution que l'on attend des participants.

Puis, le meneur de jeu lance la séance en posant la question qui exige une réponse.

À l'issue de la séance, soit après 30 ou 45 minutes, le meneur de jeu exprime sa satisfaction aux participants pour le nombre d'idées produites. Il est encourageant et manifeste son enthousiasme.

Séance individuelle. Le meneur de jeu recommande aux participants de garder en tête le problème posé et de noter toutes les idées qui leur viendraient à l'esprit dans les heures qui suivent.

La séance individuelle est simple. Chaque participant procède à l'inventaire des idées personnelles qui lui viennent à l'esprit comme solution au problème posé :

- D'abord, chacun note les idées résiduelles qui, pour une raison ou une autre, n'auront pas été émises lors de la séance de groupe.

- Puis, il essaie encore de trouver certaines solutions, lesquelles pourraient surgir dans son esprit une fois la poussière retombée.

- Enfin, il gratte le fond du tiroir en tentant encore une fois de trouver des solutions personnelles.

Le lendemain, on refait une nouvelle séance de remue-méninges en groupe pour colliger les idées résiduelles.

Voilà. Le remue-méninges est une technique de créativité simple qui a démontré son efficacité. Encore faut-il, pour mener une séance efficace de remue-méninges, appliquer les règles élémentaires dont nous venons de faire état. Sinon, la démarche est vouée à l'échec.

Aujourd'hui, trop de gens s'imaginent faire du remue-méninges alors qu'ils ne font que réfléchir à un problème à deux ou trois. Toute concertation de groupe n'est *pas* du remue-méninges, loin s'en faut! Vous le comprenez maintenant.

Un œuf
bien tourné

*L*e remue-méninges est sans doute l'outil de créativité le plus connu ; il est *mal* connu, mais il est connu.

De nos jours, on prétend faire du *brainstorming* dès que quelques personnes sont réunies autour d'une table pour réfléchir à un problème. Or, le *brainstorming* est une technique qui a fait ses preuves dans la mesure où l'on respecte ses principes de base.

Cela dit, reconnaissons que tout effort de groupe pour rechercher des idées avec un esprit ouvert s'inspire du *brainstorming*. En fait, on peut résumer la technique du *brainstorming* si l'on avance que celle-ci s'appuie sur deux idées principales.

La première idée est la suivante : il faut combattre toute censure. Il faut choisir de recevoir toute idée qui peut surgir à l'esprit des participants à un remue-méninges. Qu'elles soient folles ou sages, mystiques ou obscènes, pratiques ou scatologiques, il faut *toutes* les accepter d'emblée. En effet, on ne peut jamais savoir quel trésor on pourra découvrir au fond de son escarcelle une fois les scories rejetées, ce qui sera fait en temps et lieu.

La deuxième idée est la suivante : en matière de remue-méninges, la vitesse ne tue pas. En effet, dans le *brainstorming*, la situation diffère totalement des conditions routières. Lors d'une séance d'idéation, la vitesse grise et risque au contraire de provoquer des collisions d'idées souvent heureuses. En effet, dans une séance de *brainstorming*, l'excitation suscitée par la vitesse des interventions déclenche des enchaînements d'idées de plus en plus nombreuses et folles... comme les grains de maïs soufflé une fois que le premier grain a éclaté.

Dans les minutes initiales d'une séance, il faut donc résister à se précipiter sur la première « bonne idée » en pensant que l'on a entre les mains une pierre précieuse. Il faut se convaincre que le nombre des bonnes idées est à toutes fins utiles infini. La recherche a démontré que ce n'est qu'après épuisement d'une longue chaîne d'idées que les meilleures idées commencent à fuser. Et c'est la plupart du temps là que se trouve la perle rare.

Les apprentis – ou les personnalités minées par le doute – sont souvent fascinés par leurs premières bonnes idées. Ils ont la fâcheuse manie de se coller dessus comme les papillons de nuit sur une 100 watts nue. C'est pourquoi un participant jouissant d'une certaine sérénité ou d'un certain goût du risque fera normalement un meilleur équipier dans une séance de *brainstorming*. Les personnes timides, celles qui sont obnubilées par le « respect humain », celles qui ont peur des qu'en-dira-t-on, font souvent de piètres idéateurs.

Le *brainstorming* est un lieu naturellement épanouissant pour les personnalités créatives. Et un lieu privilégié pour susciter des idées nouvelles.

LA PENSÉE LATÉRALE

Il nous faut également reconnaître que la pensée occiden-tale est dominée par l'expression négative.

Il nous faut mettre la pensée négative à sa vraie place et donner à la pensée créative sa vraie priorité.

EDWARD DE BONO
PÉDAGOGUE BRITANNIQUE

La créativité à suscité un engouement d'abord chez les Américains. Par exemple, la technique du remue-méninges vient de New York. Petit à petit, le monde anglo-saxon en général s'est intéressé à la créativité. Les Britanniques en particulier ont une bonne réputation en la matière. À titre d'exemple, nous examinerons dans un premier temps ce que nous propose la « pensée latérale ».

6.1 S'ouvrir à la pensée latérale

Tous les êtres humains sont capables de pensée réfléchie. «L'homme est un roseau pensant», aimait dire le grand philosophe et inventeur français Blaise Pascal. Il signifiait par là que l'homme est un être fragile, créé pour naître, croître et mourir, comme les autres êtres vivants; mais Pascal soulignait dans son aphorisme une autre caractéristique de l'homme: à la différence des autres êtres créés, l'être humain sait qu'il sait, il est doué de raison, il est intelligent.

L'être humain en est venu à considérer le raisonnement logique comme la forme supérieure de pensée, voire la forme exclusive d'appréhension de la réalité. À tort! La plus perspicace forme d'intelligence, c'est l'amour. Si donc on s'éveille au fait que le raisonnement logique n'est pas le fin du fin, on sera davantage susceptible d'être ouvert à la créativité.

6.1.1 Un gourou britannique

Deux britanniques, Edward De Bono et Tony Buzan, se sont passionnés pour la créativité. Nous parlerons de ce dernier dans un chapitre ultérieur.

Commençons par Edward De Bono, le gourou de la créativité au Royaume-Uni. C'est lui qui a explicité la théorie et la technique du *lateral thinking*, la *pensée latérale*.

Qui est ce De Bono? Il est né en 1933 dans la colonie britannique de Malte, au centre de la Méditerranée. Après ses études secondaires, De Bono poursuit des études de médecine à l'Université de Malte. Étudiant talentueux, De Bono obtient la prestigieuse bourse Rhodes pour poursuivre des études à Oxford où il complète une majeure en psychophysiologie et dont il obtient un Ph.D. en médecine. Il détient aussi un deuxième doctorat en philosophie, de Cambridge celui-là, ce qui est assez exceptionnel.

De Bono n'a jamais vraiment exercé la médecine. Il est essentiellement un professeur: il a enseigné dans plusieurs grandes universités, dont Oxford, Londres, Harvard et Cambridge. John Naisbitt, auteur de *Megatrends 2000*, a dit: «La clarté est une caractéristique qui fait que les cours de De Bono sur la pensée créative réussissent aussi bien avec les écoliers qu'avec les cadres.»

Son livre fondamental fut publié en 1969 sous le titre *The Mechanism of Mind*. Dans ce livre, De Bono expliquait que les réseaux neuronaux du cerveau forment des patterns asymétriques qui permettent de percevoir. L'éminent physicien Murray Gell Mann a déjà dit que De Bono était dix ans en avance sur les mathématiciens qui feraient état de la théorie du chaos et des systèmes autogénérés non linéaires.

C'est de cette théorie que surgit son idée du *lateral thinking*. Par la suite, De Bono a écrit 22 livres et il a été traduit dans 34 langues. Il a aussi prononcé des conférences dans 52 pays et a conçu deux séries d'émissions pour la télévision : le *De Bono's Course in Thinking* (BBC) et la série *The Greatest Thinkers* (WDR, Allemagne).

Au fil des ans, De Bono a si bien réussi à faire connaître sa technique de créativité dans le monde que certains pays ont même instauré un programme scolaire d'entraînement à la créativité basé sur sa technique. Ainsi, au Venezuela, la loi oblige à enseigner la *pensée latérale* une heure par semaine dans les écoles. À l'Université de Buenos Aires, cinq facultés utilisent ses livres comme manuels obligatoires. Au Canada anglais même, plusieurs écoles utilisent ses programmes de développement de la pensée... latérale. En 1996, on l'invitait à s'adresser aux 2 300 participants à la Conférence du Commonwealth à Vancouver. Siemens, la plus grande entreprise d'Europe avec ses 370 000 employés, enseigne sa technique à tous les échelons de l'entreprise. Et ainsi de suite.

En 1996, l'Association européenne de créativité a mené un sondage auprès de ses membres, leur demandant qui a été la plus importante source d'influence dans leur vie. Le nom de De Bono fut mentionné par 40 % des répondants, ce qui le fait briller comme une étoile, ce qui le place loin devant le peloton.

De Bono est essentiellement un vulgarisateur de sa célèbre technique. Il a mis au point divers formats de sessions de formation à la *pensée latérale*, formats qui vont de la simple conférence au cours étalé sur plusieurs trimestres.

Le marbre

Voici un exercice proposé par Edward De Bono.

On vous présente la forme originale de la première ligne. De quoi s'agit-il ?

Forme originale proposée

La plupart des gens se précipitent sur la première solution venue : « Je vois une maison… ou le marbre du jeu de baseball. » Mais si l'on cherche encore, si l'on met de côté la solution – la première idée venue ! – on peut voir cette forme de plusieurs façons différentes (ce que nous illustrons sur la deuxième ligne) : un triangle qui surmonte un rectangle ; un polygone irrégulier répété, basculé et juxtaposé ; l'extrémité d'une maisonnette (bien sûr, pourquoi pas ?), un carré dont on a coupé deux des angles, etc.

Vous pouvez encore trouver de nombreuses autres « lectures » de cette forme. Allez-y !

6.1.2 Qu'est-ce que la pensée latérale ?

La pensée latérale s'oppose à la pensée verticale. Dans la pensée verticale, l'esprit fonctionne par relation logique entre les éléments. C'est la manière habituelle d'examiner un problème, l'esprit permettant alors, comme on l'apprend dès le plus jeune âge, à raisonner clairement.

La pensée latérale fonctionne par glissement associatif, par « collisions d'idées », comme l'explique Arthur Koestler dans *Le cri d'Archimède*. La pensée verticale est sélective, la pensée latérale est générative ; la pensée verticale est analytique, la pensée latérale est suggestive ; la pensée verticale est continue, la pensée latérale fonctionne par sauts ; la pensée verticale est exclusive, la pensée latérale mise sur l'imprévu ; la pensée verticale est finaliste, la pensée latérale est probabiliste.

De Bono affirme lui-même : « Le principe fondamental de la pensée latérale est le suivant : n'importe quelle façon d'envisager les choses n'est qu'une façon parmi d'autres de les envisager. » Cette affirmation semble cabotine, mais elle ne l'est pas. Notre façon habituelle de penser nous incite à nous engager vers un but le plus immédiatement possible, donc à nous engouffrer dans une voie dès qu'elle semble prometteuse. La pensée latérale, au contraire, nous invite à baguenauder pour le plaisir d'explorer le plus grand nombre de voies possible.

Quand on résout des problèmes selon la pensée latérale, on casse les enchaînements séquentiels qui mènent trop souvent à des culs-de-sac. Prenons en exemple un cul-de-sac dans lequel la plupart des participants s'engagent quand cette forme géométrique simple leur est proposée. Si l'on présente cette forme à des participants, la plupart y perçoivent la forme schématique d'une maison. Pourtant, on peut voir cette forme de tellement de façons différentes : un triangle qui surmonte un rectangle, un polygone irrégulier répété, basculé et juxtaposé, le marbre d'un terrain de baseball, un carré amputé de deux angles, etc.

6.2 Un programme de formation

Pour De Bono, la pensée latérale n'est qu'une autre façon de réfléchir. Et qu'est-ce que l'on fait quand on réfléchit ? On utilise notre intelligence à examiner nos expériences passées pour trouver une solution à un problème présent.

On peut aussi faire le même examen pour le plaisir tout simplement, sans urgence ; c'est ce que l'on fait lorsque l'on rêvasse, lorsque l'on résout des énigmes, des puzzles ou que l'on joue aux échecs. Les programmeurs, quand ils réussissent à rédiger « une belle séquence » de quelques centaines de lignes, éprouvent le même plaisir.

On peut également opter délibérément pour cette forme d'appréhension des problèmes, apprendre à aborder les problèmes de cette manière, s'y exercer. C'est dans cet esprit qu'ont été créées toutes les techniques de créativité, c'est dans le but de développer la pensée latérale que des programmes de formation ont été mis au point.

6.2.1 Le programme CoRT

Le professeur De Bono est un véritable missionnaire de la pensée latérale ; il parcourt le monde comme conférencier et formateur. Aussi a-t-il fondé un centre de recherche sur la pensée latérale, le Cognitive Research Trust (CoRT), à Cambridge, près de Londres, en 1971.

Le CoRT propose des programmes de formation à la pratique de la pensée latérale. À l'origine, il n'y avait que le programme CoRT lui-même, mais au fil des années d'autres programmes de formation se sont ajoutés : le Lateral Thinking Workshop, le Six Thinking Hats Workshop et le DATT Workshop (Direct Attention Thinking Tools). Toutes les sessions de formation durent un ou deux jours. Elles sont offertes dans plus de 30 pays, anglophones pour la plupart, dont le Canada, mais aussi l'Afrique du Sud, le Brunei et la France.

Ces programmes sont tous marqués par deux caractéristiques : ils sont constitués principalement d'exercices pratiques d'entraînement (et non pas « d'exposés sur... »). Ils permettent aux participants de prendre conscience de ce qui se passe dans leur tête quand ils réfléchissent.

Édith Cresson, ex-première ministre de la France et maintenant Commissaire européenne à la recherche, la science, l'éducation, la formation et la jeunesse, disait récemment du CoRT : « Ne faites pas seulement enseigner aux jeunes à penser. Enseignez-leur à le faire à l'aide de ce programme révolutionnaire et qui a fait ses preuves avec des millions de personnes dans le monde. »

Comme on a pu le remarquer, De Bono affectionne les sigles. La plupart de ses programmes de formation sont désignés par des sigles. La plupart des exercices qui ont été mis au point pour développer la créativité sont également désignés par un sigle simple, soit quelques lettres qui définissent la technique et servent de moyen mnémotechnique, comme vous le constaterez ci-dessous quand nous traiterons du PMI, de l'APC, du PVA ou de l'ABO.

6.2.2 L'intelligence des humbles

Créer, on l'a dit, c'est utiliser son imagination pour solutionner efficacement des problèmes, ses propres problèmes. La personne créative n'est pas nécessairement celle qui est sûre de posséder une solution à un problème ; ce n'est pas même celle qui est certaine de pouvoir en trouver une. La personne créative se fait confiance et est sûre de pouvoir appliquer sa pensée réflexive sur les questions qu'elle voudra, et quand elle le voudra.

La personne créative ne se pense pas intelligente : elle l'est, tout simplement. Avec réalisme et humilité. Elle sait dominer ses émotions (contrairement à ce que l'on s'imagine souvent d'un créateur) et concentrer son attention là où il le faut. Elle est constructive plutôt que pessimiste. Son intelligence lui sert à agir pour son bien-être plutôt qu'à prouver qu'elle est plus intelligente que les autres. Elle agit plutôt que de passer son temps à se justifier.

En réalité, la pensée nous sert à rétablir continuellement une homéostase avec notre environnement, à combler nos besoins, à diminuer les tensions physiologiques ou psychologiques, bref à rassembler les conditions optimales pour notre bonheur personnel.

Aussi, lorsque nous sommes confrontés à une situation qui brise cette homéostase, cet équilibre de vie, nous nous sentons en état conflictuel, et l'angoisse nous envahit subitement. La personne « vivante » ressent l'urgence de trouver une solution à cette situation problématique (véritablement !). La plupart d'entre nous se précipitent alors sur la première solution venue pour évacuer au plus vite ce sentiment d'inconfort qui les étreint. Alors, nous pensons vite, trop vite ! Se précipiter sur la première solution venue n'est certainement pas le meilleur moyen de régler un problème, et ce n'est surtout pas le moyen de le régler à long terme. En procédant ainsi, précipitamment, on se retrouve trop souvent avec un pansement qui bouche le trou temporairement, mais qui se décollera à plus ou moins brève échéance.

Ce comportement bousculé n'est donc pas celui de la personne créative. La personne créative ne panique pas : elle sait qu'elle dispose d'une force de création infinie et qu'elle peut y recourir quand elle veut pour faire le tour d'un problème donné. Elle sait qu'elle saura déceler des débouchés, beaucoup de débouchés.

La personne créative n'est pas sûre qu'elle saura trouver une solution, encore moins *la* solution. Elle est toutefois fondamentalement convaincue qu'elle sait réfléchir efficacement. Et prendre le temps, elle le sait, lui permettra à tout le moins de poser le problème de la façon la plus claire possible.

Le tracé muet

Convenez avec un interlocuteur de deux endroits précis situés à 10 km l'un de l'autre. Convenez que vous allez lui expliquer l'itinéraire que vous prendriez, mais sans recourir à la parole, en uti-lisant de manière suggestive les menus objets que vous avez sous la main pour suggérer les éléments de la réalité.

Quand votre tracé sera terminé, demandez à votre interlocuteur de répéter verbalement l'itinéraire pour voir s'il a compris votre explication « objectale ».

6.2.3 La pensée butée

Certains défendent l'idée que la pensée logique est la plus haute forme d'intelligence. Il est vrai que cette forme de pensée a fait avancer la scien-ce à pas de géant depuis le XVIIe siècle, mais a-t-elle un pouvoir sur l'amour ? Certes non ! De Bono cite l'anecdote suivante, qui illustre bien à quel point l'intelligence rationnelle peut être butée. Un jour, il proposa à 70 universitaires d'écrire un texte sur le thème : « Qu'arrivera-t-il quand tous les mariages seront scellés par un contrat renouvelable de cinq ans ? »

Il constata avec effarement que, de ces 70 personnes pourtant fort intelligentes, 67 exprimèrent leur opinion définitive dès la première phrase et que le reste du texte ne servit qu'à justifier leur position bien arrêtée. Autrement dit, moins de 4 % explorèrent véritablement cette perspective nouvelle ; les autres se contentèrent de réaffirmer leur idée. Peut-on dire alors que ces personnes – pourtant instruites – réfléchissent avec intelligence ? Quand on est convaincu qu'on a raison, quand on sait qu'on peut en faire la preuve, à quoi peut bien servir la créativité, se dit-on sans doute.

La pensée latérale est tout à l'opposé de la pensée butée. La pensée latérale accepte d'emblée qu'il y a enrichissement – sans même que cela mène nécessairement à une solution nouvelle – à explorer toutes les voies possibles. La pensée butée est un système fermé ; la pensée latérale, un système ouvert. La pensée butée sait ce qu'elle connaît et s'exerce surtout à démontrer qu'elle connaît. La pensée latérale est convaincue qu'elle connaît une infime partie de ce qui peut être connu. Elle sait aussi qu'il peut souvent arriver qu'elle ne sache pas démontrer la vérité de ce qui lui apparaît pourtant comme une voie intéressante.

6.3 La technique du PMI

Le sigle PMI découle de « plus, moins, intéressant ». Faire un PMI, c'est explorer les idées qui semblent intéressantes par rapport au problème étudié, de même que celles qui semblent moins intéressantes, et même celles sur lesquelles on est incapable de porter un jugement immédiat quant à leur valeur.

Faire un PMI, c'est d'abord dresser l'inventaire de ce qui est, comme on dit, *un plus*, ce qui est positif, avantageux, souhaitable, etc. C'est ensuite dresser l'inventaire de ce qui est *un moins,* ce qui est négatif, détestable, désastreux, etc. Enfin, c'est inventorier ce qui est *intéressant*, ce qui est à considérer, laisse indécis, vaut d'être soupesé, etc. Le PMI est une technique simple mais efficace pour ouvrir les esprits à la *pensée latérale*.

6.3.1 Une exploration volontaire

Faire un PMI permet d'explorer de manière simple, mais sur le mode volontaire, les principales voies qui se dessinent face à une question donnée. Il ne s'agit donc pas d'accumuler impulsivement les idées qui viennent à l'esprit quand on examine un problème. Le PMI impose son approche, consciente et volontaire.

De Bono a constaté dans ses sessions de formation combien les participants prétendent connaître cette approche... ou doutent au premier abord que ce soit une « nouvelle technique » qui leur est proposée. Aussi le penseur nous met-il en garde : « Le PMI est un outil si simple qu'il est presque impossible de l'acquérir : chacun croit l'employer de toute façon. » Or, De Bono sait pertinemment bien que c'est loin d'être vrai : la pensée butée prend largement le pas sur la pensée latérale chez la très grande majorité des individus, y compris (voire, au premier chef) chez les instruits ou même chez les artistes.

Le professeur De Bono raconte qu'on lui avait demandé de faire une démonstration de l'efficacité du PMI devant des enseignants de Sydney, en Australie. Il proposa ceci à une classe de 30 garçons de 10 ans : « Désormais, vous serez payés 10 $ par semaine pour aller en classe. Que pensez-vous de ce projet ? » Évidemment, les 30 garçons n'y voyaient à prime abord que des avantages. De Bono leur exposa alors la technique du PMI, puis il leur demanda de réexaminer la question en appliquant la technique qu'il venait de leur expliquer. Un renversement de situation se produisit alors : on se retrouva avec 29 des 30 garçons qui s'opposaient au projet. Les jeunes avaient trouvé nombre de raisons pour refuser un salaire de 10 $ par semaine : les plus grands voudraient les voler, les parents ne donneraient plus d'argent pour assister à des spectacles, les écoles augmenteraient le prix des repas...

Le PMI est la technique enseignée dans la première leçon du CoRT. Cette technique permet de découvrir le principe de base de la pensée latérale. Notre vue d'un problème est **la nôtre** propre, mais il existe d'autres façons de voir et il est possible d'explorer ces autres avenues.

Découvrir d'autres avenues n'implique pas que l'on quitte obligatoirement la sienne propre. Recourir au PMI ne veut pas dire que chacun doit abandonner ses positions. En effet, chaque personne, consciemment ou non, soumet ses comportements à un système de valeurs ; il est normal qu'une personne continue d'exprimer des opinions ou de se comporter conformément à ses valeurs. Le PMI permettra simplement à un utilisateur de constater que sa position en est **une parmi tant d'autres.**

Posons l'hypothèse que tous les individus de la nation sont passés par un programme CoRT et qu'ils sont désormais créatifs. Beaucoup penseront que cela est un plus pour les entreprises, lesquelles ont besoin de cadres avec de l'initiative ; mais n'est-ce pas peut-être un moins pour les industries qui utilisent des chaînes de montage et qui ont besoin d'employés pour y travailler ? Et vous, quelle est votre position sur le sujet ? Ah oui ? votre position est déjà arrêtée ? Prenez donc 10 minutes et utilisez le PMI par rapport à cette éventualité.

Bien ! vous avez maintenant exploré diverses situations. Votre position est peut-être la même qu'au départ, mais votre point de vue ne s'est-il pas enrichi ? Le PMI amène à relativiser ses positions, ce qui est déjà une amélioration notable pour la vie en société, le travail en équipe... ou la paix dans le monde.

Un Québec « pété »

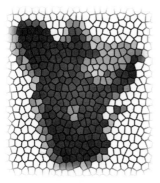

Faites un PMI sur l'éventualité suivante : tous les individus du Québec sont passés par un programme de formation à la pensée latérale. Que pensez-vous de cette nouvelle situation ?

6.3.2 Qu'arriverait-il si... ?

Attention ! Certaines personnes ont tendance à distordre le PMI : elles énumèrent les idées comme elles viennent, après quoi elles classent leurs idées en *plus*, *moins* et *intéressant*. Procéder de cette façon, c'est encore une fois recourir à la pensée butée, c'est-à-dire porter un jugement sur les choses.

Tout au contraire, faire un PMI, c'est recourir de manière obligée à la pensée latérale : se forcer à repérer les *plus*, à faire le tour de tous les *moins* possibles, à épuiser toutes les éventualités dans le champ de *l'intéressant*.

Repérer l'intéressant, c'est examiner ce qui se passerait si... (ici, en propose des éventualités). C'est poser la question : « Qu'arriverait-il si... ? » En posant la question de cette manière, on élargit le regard qui embrasse alors un panorama plus large. Une telle approche aère un peu la pensée cartésienne.

Il faut cependant se rendre compte que le repérage des éventualités intéressantes est la tâche la plus difficile et la moins naturelle pour des gens formés à la pensée logique. Il est relativement facile de porter un jugement de valeur sur une position : c'est un *plus*, c'est un *moins* (ou même c'est sous certains aspects un *plus* et sous certains autres, un *moins*). Mais en s'arrêtant là, on n'a pas encore épuisé les ressources du PMI. Quand on fait un PMI, on doit **obligatoirement explorer les avenues intéressantes**, sans que l'on sache si ce qu'on y trouvera sera un *plus* ou un *moins*. Pour y arriver, il faut s'exercer assidûment à ne pas porter de jugement de valeur. On peut trouver des avenues intéressantes en enclenchant le processus de repérage des idées nouvelles avec une phrase du genre : « Il serait intéressant de voir si... »

La technique du PMI peut aussi servir à entretenir des échanges plus intéressants avec ses interlocuteurs. En effet, dans les échanges interpersonnels, il est trop facile de faire intervenir ses jugements de valeur comme des filtres, de classer déjà les idées émises par autrui dans les *plus* ou les *moins*. Mais pour pouvoir explorer des filons intéressants, il faut plutôt s'habituer à enchaîner à partir des idées des autres par des phrases semblables : « Je ne suis pas d'accord avec votre idée, mais j'y trouve les aspects intéressants suivants... » Vous verrez, l'éventail et l'inventaire des possibles s'en trouvent élargis.

Dans la vie quotidienne, cela exige un exercice constant. Imaginons que les journaux annoncent demain que la TPS aura doublé d'ici 2010. Quelle est votre réaction ? Que pensez-vous spontanément de cette décision du gouvernement ? Maintenant, utilisez le PMI (faites-le !). Une fois l'exercice du PMI accompli, quelle est votre position ? A-t-elle évolué, glissé, changé, bifurqué ?

6.4 La technique de l'APC

L'APC est une autre technique mise de l'avant dans les sessions de formation du CoRT. Le sigle APC tient pour *alternatives*, *possibilités* et *choix*. Ces trois mots ne sont pas utilisés ici comme étapes d'un processus, mais plutôt comme synonymes. On veut insister triplement sur l'importance d'inventorier le plus de possibilités possible.

Une taxe sur la créativité
Grand titre à la une des quotidiens : « En l'an 2010, la TPS aura doublé ».

1. Spontanément, que pensez-vous de cela ?

2. Faites un PMI en regard de cette éventualité.

3. Maintenant, quelle est votre position au sujet de l'énoncé ? A-t-elle changé ?

6.4.1 La voie alternative

Il est toujours difficile de se mettre à la recherche de possibilités : l'esprit humain est ainsi fait qu'il cherche plutôt à confirmer sa cohérence interne. Toute nouvelle information qui est non conforme à notre cohérence crée une dissonance.

Il est évident que personne ne prend plaisir à rechercher les dissonances. En général, les gens résistent à l'inconnu. La plupart des gens, d'ailleurs, se satisfont de manière fataliste de la situation dans laquelle ils évoluent ; ils sont certains que c'est là leur destin, ils sont incapables d'imaginer que la situation pourrait (peut !) être différente. De Bono a même énoncé une

« loi » à ce propos : « Une certitude n'est souvent qu'un manque d'imagination. »

Même la science est entachée de la même myopie : elle manque d'imagination. Prenons la théorie à peu près admise universellement aujourd'hui de l'évolution des espèces de Darwin. Cette théorie est admise tout simplement parce qu'elle est élégante, car il est objectivement impossible d'en démontrer la véracité. On dit pourtant que c'est une théorie scientifique. Schématiquement exprimée, cette théorie dit : « S'il y a mutation dans une espèce, c'est qu'il y a eu hasard ; s'il n'y en a pas, c'est qu'il y a nécessité. » Hasard ou nécessité ? Une loi de la nature peut-elle à la fois être contrainte par le hasard et la nécessité ? Certainement pas. La vérité, c'est qu'on ne connaît pas la loi sous-jacente qui fait évoluer les espèces comme elles ont évolué au cours des siècles passés.

En pratique, l'histoire des sciences révèle que la certitude scientifique n'est qu'une hypothèse largement admise... jusqu'à ce qu'elle ait été infirmée et qu'une nouvelle hypothèse plus élégante ait fait surface. Tous les savants pouvaient expliquer que la Terre était le centre de l'Univers... jusqu'à ce que Newton démontre avec sa loi de la gravitation universelle que c'était le Soleil qui était le centre de notre système... jusqu'à ce qu'Einstein pondère tout ceci avec sa théorie de la relativité...

Le plus terrible dans tout cela, c'est que c'est l'hypothèse de départ qui indique le genre et la direction de la lorgnette à travers laquelle un individu recherchera ses « preuves »... De cette manière, un individu ne trouvera forcément que ce qu'il cherche !

6.4.2 L'APC pour une créativité volontaire

Faire un APC, c'est explorer sur un mode volontaire tout l'éventail des explications possibles d'une situation donnée. Nous précisons « sur un mode volontaire » parce que, on l'a vu, on a tendance de manière naturelle à se précipiter sur la première explication qui s'avère acceptable. Il faut donc **se donner un programme d'exploration** qui tendra à répertorier toutes les hypothèses, si farfelues puissent-elles paraître dans un premier temps. L'APC le permet. Cette technique force à inventorier les possibilités.

Par ailleurs, si c'est facile d'inventorier quelques alternatives, c'est difficile d'en trouver beaucoup et c'est impossible de les repérer toutes.

Le jeu du « L »

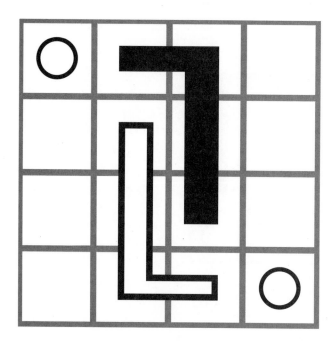

De Bono a mis au point un jeu très simple qu'il présente dans son livre Réfléchir mieux. *C'est un jeu à 16 cases sur lesquelles sont posés deux pions en forme de L (un noir, un blanc) et deux pastilles. Chaque joueur joue à tour de rôle son L en le déplaçant sur les cases libres (toutes les manières sont possibles : simples*

*déplacements, pivotements, basculements, etc.) ; il suffit d'aboutir sur des cases libres. Après son déplacement, le joueur a aussi **l'option** de déplacer l'une des pastilles... dans le but évident de bloquer le déplacement de son adversaire.*

*Le but du jeu : disposer ses pièces de telle sorte que l'adversaire soit incapable de bouger son L. La position de départ est celle indiquée **ci-contre** (60 mouvements sont possibles pour le joueur qui joue le premier).*

*Mais si cela vous amuse de prendre position au cœur du problème, **un seul mouvement est nécessaire pour gagner** quand les pions sont disposés comme **ci-dessous**.*

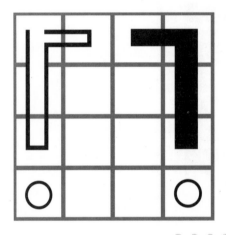

6.5 D'autres techniques

On vient de voir deux des techniques de stimulation de la pensée latérale proposées par De Bono, mais cet auteur en propose bien d'autres. Nous en mentionnerons ici deux dernières qui, nous le pensons, peuvent aider grandement à traiter les problèmes de manière créative. Ce sont le PVA et l'ABO.

6.5.1 Le PVA

Le sigle PVA est issu de *point de vue de l'autre*. C'est une technique qui semble simple, voire simpliste, de prime abord : le point de vue de l'autre, on ne le connaît que trop. On le connaît assez en tout cas pour s'évertuer à le détruire sans examen préalable, du simple fait que c'est le point de vue de l'autre. C'est faire montre de « constipation créative » que de se comporter de cette façon et c'est pour cette raison que le PVA est utile. Faire un PVA, c'est accepter, pour un moment, de prendre le point de vue de l'autre, véritablement, de se mettre dans sa peau.

C'est une gymnastique de l'esprit propre aux grands hommes que d'être capable d'adopter le point de vue de l'autre. Le général MacArthur était commandant en chef des opérations alliées dans le Pacifique lors de la Deuxième Guerre mondiale. Sa tâche était simple (n'est-ce pas !) : vaincre le Japon, l'une des nations les plus puissantes du monde et située à des milliers de kilomètres de sa patrie. Le Japon maîtrisait alors une myriade d'îles disséminées partout dans le Pacifique. La stratégie apprise à l'École de guerre de West Point était simple elle aussi : briser le point clé pour enfoncer l'ennemi.

Toutefois, MacArthur, sachant que les châteaux forts japonais étaient les mieux défendus, a raisonné autrement. Si j'étais à la tête des forces japonaises, s'est-il demandé, où est-ce que je m'attendrais le moins à me voir attaqué? La réponse était : dans l'une des petites îles marginales. C'est là que MacArthur a dirigé son attaque. Il a gagné quelques îles de seconde importance, dont il s'est ensuite servi comme têtes de pont pour atteindre finalement le cœur, Tokyo, et devenir ainsi le « vainqueur du Pacifique ».

La femme d'affaires et animatrice de télé Rita Davenport propose la stratégie suivante aux femmes qui veulent conquérir un homme. Connaissez le point de vue de cet homme : quel est son animal favori? (le setter irlandais); quelle est sa couleur préférée? (le vert); quel sport pratique-t-il? (le jogging sur les plaines d'Abraham); etc. Puis, mettez votre Ralph Lauren vert pour aller faire courir le setter anglais de votre voisin sur les plaines...

Il ne s'agit pas ici de faire un PMI, c'est-à-dire énumérer les pour et les contre de diverses positions. Il s'agit vraiment de **s'investir affectivement**, de jouer un jeu de rôle d'entrer dans la peau de l'autre pour connaître comment il se sent, pense, agit. On peut ainsi trouver pourquoi il agit comme il le fait et découvrir de nouveaux éclairages – insoupçonnés, insoupçonnables parfois ! – sur une situation donnée.

Vous voulez décrocher un emploi ou un contrat ? Devenez créatif dans les arguments que vous présentez et, pour vous aider, faites au préalable un PVA. Prenez le rôle de l'autre qui vous fait concurrence : comment me voit-il ? que dit-il de moi ? Puis, changez de rôle ; devenez la « grosse boîte » qui emporte tous les contrats : comment je vois ce petit avorton de compétiteur qui m'arrive dans les jambes ? Puis, devenez un tout petit client : comment voit-il l'un puis l'autre ? Ensuite, devenez un client très important : comment voit-il l'un puis l'autre ? Mettez-vous par la suite dans la peau d'un homme, d'une femme, puis d'une personne de 55 ans, d'une de 33 ou moins, etc. Vous découvrirez ainsi les vrais arguments à présenter pour vous défendre et gagner.

6.5.2 L'ABO

Le sigle ABO découle des mots *aspirations*, *buts* et *objectifs*, qui sont tous trois employés dans un sens synonymique. Faire un ABO, c'est faire le point sur ses aspirations, ses buts et ses objectifs.

Il est sain de faire un ABO parce que trop souvent on oublie que l'on agit toujours dans un but (à moins d'être stupide !). Il arrive aussi que les événements nous fassent dévier de notre trajectoire et que nous nous éloignions, sans nous en rendre compte, des buts que nous cherchions à atteindre. Il arrive même souvent que nous ne soyons pas conscients des buts que nous poursuivons, dans lequel cas, il devient essentiel de faire un ABO.

Prenons un geste aussi répandu que celui de se marier. Les motivations d'un tel geste peuvent être aussi diverses que contradictoires. Certaines personnes pensent que le mariage permet à l'amour de grandir ; d'autres pensent plutôt que c'est un moyen d'accéder à un statut social ; d'autres pensent que le mariage leur permettra de se déculpabiliser dans l'exercice de leur sexualité ; d'autres voudront par là donner un cadre viable pour un être – leur enfant ! – qui les aimera inconditionnellement ; d'autres verront l'événement comme un cadeau à faire aux parents ; d'autres penseront que c'est un moyen financier logique pour survivre en période d'austérité.

Le but poursuivi change donc selon les individus, et un comportement donné ne sera au mieux qu'un moyen d'atteindre une fin. Il faut donc définir clairement ce qui importe à nos yeux, sans quoi, embrayé au neutre, le moteur risque de s'emballer. Il se peut bien aussi que les buts poursuivis soient nombreux et inextricablement interreliés... ou divergeants. Néanmoins, si l'on veut agir en conformité avec soi-même, il est bon de faire le point.

L'ABO est un truc simple pour évaluer de manière créative ses propres comportements. Cela dit, nous n'avons pas épuisé les techniques proposées par De Bono. Nous n'avons donné qu'un aperçu des principales. Il nous reste maintenant à les mettre en pratique quotidiennement pour mieux les maîtriser.

Un œuf dé-brouillé

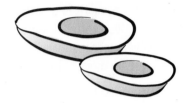

*L*a pensée latérale est une technique de créativité qui a fait bon nombre d'adeptes. C'est que son instigateur, De Bono, a parcouru le monde – comme un infatigable zélateur – partout où il pouvait être compris dans sa langue maternelle, l'anglais.

Le plus souvent, son auditoire est constitué de gens d'affaires qui ont payé le gros prix pour l'entendre. Ses conférences sont généralement organisées par de dévoués disciples qui le considèrent comme un prédicateur inspiré. De Bono est en effet un motivateur talentueux qui manie avec efficacité un verbe stimulant. Il a même réussi à convaincre des ministres d'élever la pensée latérale au rang de matière scolaire. C'est tout vous dire.

De Bono a monté tout un *business* autour de la pensée latérale : il publie des ouvrages de vulgarisation, des manuels d'exercices, il offre des sessions de formation, des cycles de conférences, et ainsi de suite, par l'entremise de son Cognitive Research Trust (CoRT).

Il « vend » sa marque de commerce et son programme de développement de la créativité par la *pensée latérale*. un peu comme une franchise. Des formateurs patentés donnent son enseignement dans ces centres spécialisés. Des facultés d'administration cautionnent même cet enseignement. Ainsi, l'Université McGill offre des sessions de formation à la pensée latérale par l'entremise de son Thinking Skills & Creative Problem-Solving Workshop.

Les sessions de formation du CoRT visent à apprendre à « réfléchir mieux ». On espère surtout convaincre l'adepte de la pensée latérale qu'il pourra réfléchir efficacement où et quand il le voudra.

La pensée latérale veut replacer dans une juste perspective « l'intelligence intelligente », celle qui est prétentieuse, suffisante, qui mise d'abord sur l'astuce plutôt que sur le gros bon sens.

La pensée latérale met en garde contre l'habitude qu'ont les personnes intelligentes de déceler les différences, ce qui sépare, plutôt que de miser sur les similitudes, ce qui unit. La personne formée à la pensée efficace « observe la pensée des autres non comme un critique mais comme un cartographe qui observe le terrain ; elle croit que le but de la pensée est d'arriver à de meilleures décisions et non de prouver qu'elle est la plus maligne. »

En règle générale, l'éducation privilégie l'intelligence cristallisée. La tendance naturelle des personnes éduquées est de réagir à des événements plutôt que de déclencher des événements de façon pro-active.

Par ailleurs – et tout à l'opposé du *brainstorming* –, De Bono privilégie la lenteur pour réfléchir mieux. « Réfléchir plus lentement nous permet d'y voir plus clair à chaque étape, écrit-il. Pour y arriver, il existe des outils particuliers que nous pouvons employer. » Et c'est ici qu'il présente ses fameuses « techniques à sigles ».

L'idée générale sous-jacente à la pensée latérale est que la « certitude préalable » est nocive à toute bonne recherche de solutions.

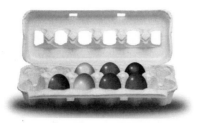

LE SATORI CRÉATIF

La véritable créativité pour moi, c'est sortir d'un système ;
pas uniquement d'un système intellectuel, mais aussi d'un
système personnel, psychologique, affectif. Cette découverte
suscite une émotion parfois très intense qui se traduit par
des cris, des pleurs.

GILBERT RAPAILLE
PSYCHOLOGUE FRANÇAIS

Les approches créatives que nous avons considérées jusqu'ici sont des approches techniques. Leurs auteurs présument que l'application systématique de la procédure avancée produira à tout coup les effets prévus, et cela, peu importe la personnalité de ceux qui les utilisent.

Certains promoteurs des approches techniques reconnaissent le rôle de l'inconscient dans la production des idées, mais, globalement, ils envisagent la créativité de l'extérieur. Or, d'autres auteurs prétendent que c'est la personnalité de l'intervenant qui constitue la clé. C'est le point de vue adopté par les créati-groupes.

7.1 Créer en méditant

Ce courant de créativité s'inscrit au croisement de cette vague de spiritualité orientaliste qui a porté la méditation transcendantale, la conscience de soi, les groupes de croissance personnelle et autres manifestations de la psychologie humanistique jusqu'à nos rives. Ce courant néo ou pseudo-scientifique a produit le rêve éveillé, la dianétique ou la programmation neurolinguistique.

Ces approches prétendent apprendre à libérer les forces de l'âme, permettant ainsi à tout être humain d'accéder aux forces immenses prisonnières en son tréfonds, lui permettant de disposer ainsi de la puissance du Créateur.

Au cours des siècles, plusieurs professionnels de « l'âme » ont tâché de mieux comprendre la nature de l'Homme, de la Vie et de la Création en général. Plusieurs ont donné un enseignement, séduit des adeptes et créé des « écoles » qui revendiquent de pouvoir résoudre tous les problèmes de la vie.

31

Derrière les apparences

Essayez de comprendre ce qui motive les gens. Pensez à une personne de votre entourage (parent, ami, relation professionnelle, étranger croisé dans la rue, etc.). Rappelez-vous un comportement qu'elle a manifesté en votre présence et qui vous a laissé perplexe.

Trouvez trois raisons qui, selon vous, pourraient expliquer ce comportement.

7.1.1 Quelques pistes

Le nombre de gourous – ou de fumistes? – en ces matières est grand. Certains ont mis au point des organisations dont on ne sait plus très bien si ce sont de nouvelles gloses, des cercles ésotériques, des religions, des philosophies... ou plutôt des montages financiers.

On peut penser à la Société théosophique fondée à New York en 1875 par une riche aristocrate russe assistée de deux amis, dont le colonel Henry S. Olcott et William Q. Judge. Citons l'idée fondamentale des théosophes: « L'homme est un être qui peut s'élever à la perfection, à la stature de la Déité, car il est lui-même Dieu incarné. »

On peut aussi mentionner l'anthroposophie de l'Autrichien Rudolf Steiner. Pour Steiner, « on peut atteindre la connaissance spirituelle, la clairvoyance et l'expérience grâce aux mêmes méthodes scientifiques qui nous ont permis de connaître en profondeur le monde physique ». On donne ses enseignements dans les écoles Steiner, qui s'appuient sur la « pédagogie Waldorf », dans plusieurs pays. Le centre névralgique de la Société anthroposophique se trouve à Dornach, en Suisse.

Plus récemment, on a vu poindre la dianétique du Californien L. Ron Hubbard, qui a publié son « évangile » en 1950 sous le titre de *La diané-tique : la puissance de la pensée sur le corps*. On fait référence à la philoso-phie de Hubbard aussi sous le nom de l'Église de scientologie. Mais on hésite entre religion, science ou *business* (Hubbard a aussi fondé un Hubbard College of Administration à Los Angeles).

De même, la méditation transcendantale, dite science de l'intelligence créatrice, se manifeste sur un terrain similaire. Fondé à la suite de l'en-seignement du Maharishi Mahesh Yogi en 1957, cet organisme prétend dis-poser de 7 000 formateurs et formatrices (tous formés par Maharishi Mahesh Yogi !). La clé de cette approche est de répéter un mantra deux fois par jour pendant 20 minutes. Le but premier de ce mantra serait de nettoyer et de recentrer l'esprit avec le bénéfice de réduire le stress et d'augmenter la créativité. Ce mouvement dispose aussi de son Maharishi University of Management à Fairfield, Iowa.

Plus récemment, ce sont deux Californiens qui ont encore lancé une tech-nique de gestion du changement sous le nom de programmation neu-rolinguistique. Richard Bandler (programmeur et claviériste) et John Grinder (linguiste et ex-barbouze) ont développé la PNL à partir de l'Université de Californie à Santa Cruz. Les adeptes de la PNL adhèrent à la pensée d'Einstein qui disait : « Je veux savoir comment Dieu a créé le monde. Je veux connaître ses pensées. Le reste n'est que détail. » Robert Dilts, un disciple de Bandler et de Grinder, s'est intéressé à l'apport de la PNL à la créativité dans des livres comme *Aristote et Einstein* ou *De Vinci et Sherlock Holmes*.

Ce qui est commun à toutes ces approches, c'est le besoin d'éveiller les forces souterraines qui permettraient à l'humain de devenir un véritable créateur. Nous présenterons un peu plus en détail l'approche de Créargie, une boîte qui offre de la formation en créativité et qui envoie des con-sultants en résolution de problèmes dans les entreprises.

Savez-vous compter ?

Combien d'objets sphériques êtes-vous en mesure d'énumérer ?
Dressez-en la liste sur une feuille en numérotant chacun de ceux-ci.
Combien êtes-vous capable d'énumérer d'objets...

- *rouges ?*

- *en papier ?*

- *qui roulent ?*

- *qui font du bruit ?*

- *qui dégagent une odeur puissante ?*

- *repliables ?*

7.1.2 La firme Créargie et Gilbert Rapaille

Cette approche « profondeuriste » du développement des capacités créatrices a vu le jour à Paris à la fin des années 60. Deux professionnels de la consultation industrielle, Jean-Pierre Sol, un ingénieur en télécommunications, et Gilbert Rapaille, un psychologue, se sont associés pour démarrer une firme de consultation qu'ils ont nommée Créargie. À titre de véritable penseur de cette boîte, Rapaille a avancé l'idée du satori créatif. À l'image de ses émules américains de la psychologie humanistique, Rapaille s'est mis à jouer au gourou. À un moment donné, il était devenu une star courue (et chèrement payée !) par les pdg des plus grandes entreprises françaises. Il facturait à des tarifs mirobolants et, pour appuyer son image de marque, Rapaille se promenait en luxueuse Bentley blanche.

On peut dire que Créargie a amené un courant d'air frais dans les techniques de créativité en regard des approches anglo-saxonnes, qui étaient encore par trop rationnelles. En plus du satori créatif lui-même visant à augmenter « la conscience cosmique », Créargie a misé sur diverses techniques employées en psychothérapie : le « rêve éveillé dirigé » de Désoille et le « psycho-drame » de Moreno, par exemple. Ces techniques se sont vu octroyer un nouveau rôle, soit celui de faire germer de nouvelles idées appliquées.

Toutefois, les marchands d'idées eux-mêmes qu'étaient devenus Sol et Rapaille admettaient ceci : « Ce sont des techniques lourdes, adaptées à la recherche d'idées pour des problèmes difficiles face auxquels des techniques plus légères ne donneraient pas de résultats suffisants. » La position de Créargie était ambiguë, ambitieuse ou prétentieuse : Rapaille et ses pontes affirmaient que, même si 80 % des idées n'étaient pas utilisables, les entreprises récupéraient beaucoup plus que leur investissement initial (qui était, on l'a dit, important).

Toutefois, le rendement sur l'investissement n'est déjà plus le problème des « maîtres du satori créatif »... Ce qu'il faut, c'est découvrir la chose qui existe et qui répond au problème ou inventer la chose qui n'existait pas jusque-là. Cette responsabilité est confiée aux créati-groupes, des groupes de création aux responsabilités bien précises. En effet, Rapaille propose de créer de tels groupes au sein de toute entreprise qui veut mener à terme les idées engendrées par la créativité. Une entreprise doit donc mettre sur pied ce que Rapaille appelle une « unité de découverte ». Cette unité de découverte sera composée de deux créati-groupes : un groupe d'experts et un groupe de créativité comme tel.

Le groupe de créativité lui-même sera constitué de deux sous-ensembles : les logiciens et les poètes. Chaque sous-ensemble sera composé de six ou sept personnes. Aux logiciens est confiée la tâche d'analyser la situation et de définir avec précision le problème. Les poètes sont pour leur part chargés de générer de nouvelles idées qui résolvent le problème posé.

Quant aux experts, ils sont les spécialistes de la question étudiée ; ils ont été recrutés pour leur compétence « technique » relativement au problème étudié. Ce sont eux qui feront l'évaluation du matériel colligé et qui repéreront les pistes valables.

Évidemment, cette complexe unité de découverte est sous la responsabilité d'un professionnel de la créativité... issu de Créargie, sans doute.

Regardez pour voir !

Prenez dans votre main une orange. Regardez-la attentivement jusqu'à ce qu'elle devienne un objet bizarre. Décrivez-la maintenant avec le maximum de détails.

7.2 La psychologie intégrative

Le plus important au sein des créati-groupes n'est pas tous ces aspects extérieurs, mais bien la qualité des participants. Rapaille insiste sur le fait que ces créati-groupes ne peuvent être productifs que si les participants sont dotés d'une « personnalité unifiée ». Les participants doivent être habités par une certaine assurance, une certaine sérénité, une certaine homéostasie intérieure ; en d'autres mots, ils doivent avoir atteint une certaine maturité. Ce que l'on a appelé « le satori ».

Qu'est-ce que le satori ? Yamada Roshi le décrit ainsi : « Le cœur de toutes les branches du bouddhisme zen est l'expérience ultime de self-réalisation appelé satori. Il ne s'agit pas d'une pensée ou d'une philosophie mais d'un fait, d'un fait d'expérience... comme le goût d'une tasse de thé est un fait [...]. Pour atteindre au satori, il suffit de se concentrer sans effort sur un point et de s'oublier soi-même dans cet exercice. »

Rapaille dispose de tout un arsenal pour aider les créatifs potentiels à atteindre cet état (présumé !) de satori. Il recourt aux ressources de la psychologie intégrative en vue d'éliminer les barrières qui se dressent entre les divers aspects de la personnalité, la volonté et l'inconscient, la sensation et la spiritualité, et ainsi de suite.

7.2.1 Les 3 plans de la personnalité

La psychologie intégrative explique qu'un individu doit fonctionner de manière cohérente sur les trois plans de sa personnalité : l'intelligence, les sentiments et le corps. Il s'agit, au début de la vie, d'une cohérence interne. Cependant, à mesure qu'il prend de la maturité, l'individu est normalement capable de réaliser cette cohérence de manière de plus en plus tournée vers les autres êtres humains et vers l'extérieur.

Si intelligence, sentiments et corps fonctionnent harmonieusement et de manière parfaitement intégrée, l'individu atteint le summum de ses capacités créatives.

Voici un exemple :

De l'intérieur vers l'extérieur

Plan 1 : l'intelligence		
Capable de penser, de théoriser	Capable d'échanger, de communiquer	Capable d'agir

Plan 2 : les sentiments		
Capable d'émotions frustres	Capable d'empathie	Capable de créer

Plan 3 : le corps		
Capable d'éprouver des sensations élémentaires	Capable d'évoluer en conformité avec l'environnement	Capable d'éprouver du plaisir au contact des autres

Ce tableau résume bien l'évolution normale du nourrisson jusqu'à ce qu'il soit une personne mûre. Il montre que c'est à mesure qu'il se tourne vers l'extérieur que l'individu devient capable d'exercer tout son potentiel, et sur tous les plans.

Pour être créatif, un individu doit avoir intégré les différentes facettes de sa personnalité, de l'inné à l'acquis, en toute conscience et en toute vérité. Pour pouvoir s'exprimer véritablement, pour pouvoir créer, un individu doit avoir surmonté les conditionnements opérants, qu'ils soient biologiques ou sociaux. Il doit pouvoir reconnaître ses sentiments et les accepter pour arriver à les exprimer. Il doit accepter son corps tel qu'il est comme moyen de découverte et d'expression de ces découvertes. Bref, il doit avoir éliminé les conditionnements acquis de refoulement, le surmoi castrateur. Bref, aucune créativité véritable n'est possible sans « être bien dans sa peau », comme on dit familièrement.

Toute l'histoire de A à Z

Composez une histoire de 26 mots dont le premier commence par un A, le deuxième un B, le troisième un C et ainsi de suite jusqu'à Z.

Voici un exemple tiré du livre « Êtes-vous créatif » ? de Eugene Raudsepp.

« Au bal costumé des étudiants, filles, garçons huèrent impitoyablement José Kastillo, le monstrueux nabot obèse pour qui réjouissance signifiait uniquement viol, whiskey, xérès et zapatéado. »

7.2.2 Les séminaires de créativité

Pour libérer le moi profond, pour déverrouiller les portes de la créativité, Rapaille propose des « séminaires de créativité ». Ces séminaires, d'une durée de deux ou trois jours, visent à pratiquer le « déconditionnement » chez les participants. Ils constituent un genre de *crash course* pour atteindre à l'intégration psychologique, à la sagesse (!). Bon marché et sans douleur ! Après quoi, on est censé disposer de toutes ses forces créatives et être capable d'appliquer sa créativité pour résoudre des problèmes concrets.

Ces séminaires se déroulent en deux étapes : une première, dite d'intégration psychologique, et une deuxième, de créativité appliquée. L'étape d'intégration vise à libérer la personnalité, à confirmer la confiance en soi des participants ; celle de la créativité appliquée donne l'occasion de s'exercer à partir de problèmes pratiques.

Dans l'étape d'intégration psychologique, l'animateur tente, à l'aide d'exercices adaptés, de permettre à chaque personne prise individuellement de devenir plus unitaire. C'est aussi l'occasion pour le groupe comme tel de prendre forme comme unité sociale.

En pratique, les exercices visent à ce que les individus déposent leur masque, abaissent leurs défenses, surmontent leurs tabous, quittent leur « personnage », abandonnent leur jeu de rôle. La théorie sous-jacente est qu'une personne capable de se dévoiler sera aussi capable de faire connaître ses idées concrètes. Par la même occasion, le groupe prend forme, acquiert de la cohésion. L'empathie mutuelle s'installe, la confiance règne alors. La créativité peut s'exprimer.

7.2.3 Des exercices de déconditionnement

Les exercices proposés par Rapaille pour arriver à « l'état créatif » sont, jusqu'à un certain point, compromettants. Ils visent tous à permettre à l'individu de se libérer des conditionnements sociaux. En effet, être créatif, c'est être différent, c'est proposer des idées qui sont rarement exprimées, bref c'est être, d'une certaine manière, « asocial ». Nous donnerons quelques exemples qui sont cités ici simplement à titre indicatif.

On propose souvent le jeu de la personne-objet, lequel se déroule de la façon suivante : Chaque participant choisit un objet qu'il porte sur lui et qui servira de support à son imagination. Le participant se substitut à cet objet, essaie – par une sorte de transposition anthropomorphique – de devenir cet objet. Les autres participants lui posent des questions en tant qu'objet : « Tu es un stylo-bille, pourquoi es-tu porté à cet endroit ? Comment t'y sens-tu ? Pourquoi as-tu cette forme ? Que ressens-tu lorsqu'on te fait écrire sur du métal ? T'entends-tu bien avec ton "porteur" ? »

Questions et réponses doivent être les plus spontanées possible. Les participants commencent à se faire une opinion les uns des autres par le biais des questions ou des réponses exprimées. Inconsciemment, chacun révèle ainsi sa personnalité, ses peurs, ses croyances, ses valeurs... Chacun, consentant ainsi à se révéler, en viendra à confirmer encore plus sa confiance en lui, se permettant par là d'affirmer plus facilement sa personnalité créative.

À l'issue de l'exercice, peut-être que l'animateur demandera à chacun de se choisir un pseudonyme pour la durée du séminaire, pseudonyme qui caractérisera alors sa personnalité « voulue », affichée, construite.

On s'exercera éventuellement à la sincérité par un « jeu de la vérité ». Chaque participant devra se présenter à tour de rôle devant chacun des autres et lui déclarer : « Je t'aime parce que... » Puis, plus difficile encore, il devra avouer : « Je ne t'aime pas parce que... »

Il n'est pas facile de dire à une personne que l'on connaît à peine « je t'aime » ; il est tellement plus facile de lancer un « je t'aime bien », un « je t'estime » ou un « tu m'es sympathique »... Mais quand il faut lui dire « je ne t'aime pas », ouille ! Et quant il faut donner les raisons de cette méfiance, ouille !

Dans un autre exercice, on tentera de briser le tabou du corps. On pourra, par exemple, bander les yeux de tous les membres du groupe. Chaque participant devra ensuite se lancer, les mains devant, et tenter de reconnaître, à l'aide du toucher seulement, les personnes avec lesquelles il viendra en contact. Puis, il devra leur parler, les décrire, les nommer...

On pourra encore tenter de vivre une « renaissance ». On construit une « tente » minuscule à l'aide d'objets disponibles : chaises, couvertures, etc. Dans le silence et dans l'obscurité, chacun des participants essaie alors d'y trouver place, d'y faire son nid ; l'opération culmine habituellement dans un immense enchevêtrement.

Une fois ainsi lové dans un nœud de corps, chacun se laisse aller à la divagation intérieure, au rêve éveillé ou à la régression (par exemple, je suis un bébé qui suce son pouce dans le ventre de ma mère).

On pourra ensuite tester sa confiance dans le groupe. On construit pour ce faire un échafaudage de deux ou trois mètres avec les meubles disponibles et des cubes solides prévus à cette fin. Le participant grimpe jusqu'au sommet de la structure. Il doit alors se laisser basculer dans le vide, par derrière, les mains au visage. Les autres participants s'assureront de le recevoir et de garantir sa chute. Le but visé est d'amener chaque participant à faire confiance à ses coéquipiers, solidifiant ainsi les liens inter-personnels.

On pourra ensuite proposer un exercice visant à évacuer l'agressivité chez chaque participant. Par exemple, on invitera un participant à exprimer sa colère en boxant devant un autre participant... qu'il aura choisi parce qu'il le trouve provocant. Bien entendu, on aura interposé un gros coussin entre le boxeur et sa victime qui sera ainsi protégée contre les coups.

On pourrait également inviter tout le monde à crier à fendre l'âme, chaque participant ayant été incité à s'époumoner. La consigne aura été de lancer un cri de haine, ou d'admiration, ou d'amour; un cri assez puissant pour couvrir le bruit de la mer, couvrir les décibels d'un 747 au décollage, et assez fort pour permettre à chaque participant d'entendre son propre cri au-dessus de la cacophonie générale.

Par ailleurs, peut-être s'essaiera-t-on au rêve éveillé dirigé. Le groupe se disperse dans la pièce et chaque participant s'étend confortablement. Chacun ferme les yeux; l'animateur déclenche, par suggestion, une rêverie collective: «Vous êtes étendus sur une plage des îles Galapagos, vous sentez le soleil qui s'insère dans chaque pore de votre peau – sentez bien vos pores qui s'ouvrent! – (l'animateur profite alors d'un bruit extérieur par lequel tous viennent d'être dérangés et poursuit); vous entendez craquer et vous voyez apparaître...»

L'animateur demande à un des participants d'enchaîner. Celui-ci continue l'histoire: «Une tortue géante, six mètres, la moitié gauche de son corps baigne dans la mer et la moitié droite est sur le sable...» Petit à petit, d'autres participants s'expriment en faisant avancer l'histoire: «Sur son dos, un lutin, doré des pieds à la tête, lance sur chacun de nous un harpon miniature dont il retient la corde à son poignet...» Et tout cela s'en va ainsi, au fil des associations d'idées, des fantasmes de chacun, de son monde poétique ou de ses douleurs refoulées.

Toute cette démarche n'a pour but, encore une fois, que de libérer les participants de leurs inhibitions afin qu'ils soient plus créatifs et de donner une cohésion véritable au groupe. Des participants plus libres dans un groupe plus dynamique produiront un milieu plus fertile en créativité. Les exercices se poursuivront peut-être tard dans la nuit, de manière à ce que les défenses personnelles tombent sous le coup de l'épuisement.

On abordera l'étape de la créativité proprement dite – la créativité appliquée – quand l'animateur jugera que la vidange sera terminée. Il recourra pour cela aux techniques connues de créativité anglo-saxonnes, mais aussi au satori sur lequel Rapaille mise largement.

Ces séminaires semblent bénéfiques pour la créativité. En tout cas, Rapaille prétend qu'ils transforment des participants bien ordinaires en véritables bombes d'idées créatives. Il est vrai qu'ils sont aussi très chers : une fin de semaine avec le gourou coûte autant que 15 jours au Club Med. À une période, ces séminaires étaient malgré cela très courus.

Exercice 35

Impair et passe

Voici une liste de 32 mots. Pour chacun, associez-en spontanément un autre. Vous disposez de 60 secondes.

1. dentiste
2. chair
3. projecteur
4. liberté
5. journal
6. chanson
7. bâton
8. lac
9. camomille
10. plongeur
11. objectif
12. enfant
13. justice
14. tempête
15. amour
16. emploi

17. motoneige
18. Laurentides
19. danse
20. vis
21. papa
22. accident
23. parole
24. course
25. soleil
26. sagesse
27. beauté
28. torture
29. tout
30. texte
31. chat
32. miroir

Essayez de comprendre quel cheminement vous a conduit au « mot associé ».

7.3 La technique du satori créatif

Abordons maintenant cette technique particulière à Rapaille : le satori créatif. Le satori – du moins, comme l'explique Rapaille – c'est cet état de communion extase avec le cosmos que le sage oriental atteint en s'abandonnant aux forces de vie plutôt que, comme tout bon Occidental, en s'appuyant sur son intelligence rationnelle et sur sa volonté propre.

Mais comment arrive-t-on à cet état de disponibilité spirituelle ? Rapaille défend l'idée qu'on y arrive davantage par la libération de l'inconscient que par le travail systématique au niveau conscient. L'inconscient doit intervenir de manière spontanée dans le processus créatif, dit-il. De plus, il prétend qu'il est nécessaire de faire un voyage guidé vers les couches profondes de la personnalité de manière à ce que l'inconscient s'active en geyser. Rendu à ces profondeurs-là, prophétise-t-il, un individu se trouve en parfaite disponibilité et ce sont les idées qui surgissent d'elles-mêmes devant ses yeux (spirituels !) émerveillés.

Pour connaître le satori, il faut accéder au mode de pensée oriental. Chez les Orientaux, explique-t-on, les relations entre les événements ne sont pas seulement causales comme dans la logique occidentale ; la notion cartésienne du « distingo », excluante, se dissout dans un grand tout ; la distance entre sujet et objet s'estompe. Le satori en résulte alors : la personne s'identifie à l'environnement dans lequel elle évolue. Pour « l'illuminé », les contraires fusionnent ; en tout cas, les contradictions intérieures se dissolvent. Bref, il se sent participant de la cohérence cosmique.

Voilà pour le satori. Mais, pour réussir un satori **créatif**, il faut transposer. En fait, le satori créatif est réalisé par l'exécutant qui devient lui-même, par osmose, le « problème-de-créativité-posé ». Le but est de générer des idées/solutions par le moyen de ce vécu unitaire. Par exemple, on vivra cette extase en tant qu'objet sur lequel on doit exercer sa création : « Je suis un stylo-bille... » C'est donc le problème qui se dissout dans son environnement... parce que le processus est supporté par la psychologie propre de l'individu qui poursuit ce satori. Profond et obscur !

Comme bien d'autres gourous de la créativité, Rapaille a créé ses TEMCA, MATEC, TACA, ITC et autres sigles cabalistiques identifiant des approches prétendument propres à Créargie. Seuls les initiés savent que les TEMCA, ce sont tout simplement les TEchniques et Méthodes de Créativité Appliquée.

Dans les faits, ces techniques, ce sont celles qui ont été énumérées précédemment, quand il a été question du déroulement d'un séminaire de créativité.

Sept à table et un seul œuf (de dinosaure !)

*D*ans les années 70 est né un grand mouvement qui remettait en question le type de relation qu'entretient l'être humain avec son environnement. Désormais, il faudrait laisser plus de place au corps, vivre une sexualité librement, se nourrir sobrement, savourer tout ce qu'apportent les sens (les bains chauds, les parfums exotiques, etc.). On a appelé ce mouvement la psychologie « humanistique ».

Ce mouvement a pris naissance au fameux Esalen Institute de Californie, où officiaient des grands esprits de la psychanalyse comme Fritz Perls (dont on se demande encore s'il était un psychothérapeute génial ou simplement un gourou obsédé par le sexe). C'est de ce mouvement qu'est issue la médecine dite « holistique », qui relie chaque élément à un tout qu'il faut considérer comme tel ; c'est ce mouvement qui a popularisé des médecines douces comme l'ostéopathie, l'homéopathie, la chiropratie et toutes ces approches de l'esprit et du corps dont le *Guide Ressources* fait un large étalage. Le «Nouvel Âge», avec sa musicothérapie, sa massothérapie et son aromathérapie, en est le petit-fils. Les baignoires à remous qu'on retrouve dans les sous-sols ou les cours en sont un sous-produit.

L'approche du satori créatif est issue de ce mouvement multiformes de la psychologie humanistique. Le satori créatif s'appuie sur un postulat : pour être créative, une personne doit «être bien dans sa peau». Elle doit être «épanouie dans son corps et dans son esprit». Elle doit «s'aimer».

Une telle approche est avant tout psychophilosophique. En effet, une personne épanouie est davantage susceptible d'avoir des idées personnelles et elle tend plus facilement à s'affirmer, à défendre ses idées.

Les techniques proposées par le satori créatif cherchent donc simplement à donner davantage d'assurance à ses adeptes. Dominer ses peurs, savourer les plaisirs des sens, être capable de négocier des relations interpersonnelles facilement sont des attitudes et des comportements que le satori créatif prétend être capable de mettre en avant. Mais ne sont-ce pas là des ambitions qu'une vie entière ne réussit pas toujours à faire épanouir?

En pratique, psychothérapie et technique de créativité ne font pas toujours bon ménage, si bien que cette approche de la créativité, très courue dans les années 80, est presque disparue. Il semble que c'était là une mode plutôt qu'une technique ayant prouvé son efficacité.

En effet, la « croissance personnelle » n'est réellement possible qu'à la suite d'une longue – et souvent douloureuse – évolution. Elle exige le « coaching » minutieux d'un maître qui soit bien formé, astucieux, et qui veuille le bien de ses disciples davantage que sa gloire personnelle. Ces conditions se retrouvent très peu souvent chez les formateurs à la créativité.

C'est sans doute la raison pour laquelle le satori créatif est en train de se dissoudre dans la brume de l'histoire.

LE DIAGRAMME D'IDÉATION

Ce que les recherches nous démontrent, c'est que les personnes douées de « capacités intellectuelles normales » possèdent un potentiel infiniment plus grand qu'on ne le pensait.

TONY BUZAN
PÉDAGOGUE BRITANNIQUE

Le puissant réseau de neurones qui s'empilent dans notre boîte crânienne nous permet de générer des idées en nombre presque infini. Cette « découverte » est à l'origine du *mind-mapping* mis au point et publicisé par le Britannique Tony Buzan.

Le diagramme d'idéation (*mind-mapping*) est un outil dont on se sert à la fois pour générer des idées nouvelles et pour penser. Les chercheurs Wallach et Kogan, auteurs pourtant d'un « test de créativité », ont d'ailleurs démontré que l'intelligence générale et la créativité sont les deux parties d'un même assemblage qui s'emboîtent l'une dans l'autre. Aussi parle-t-on souvent du diagramme d'idéation comme d'une méthode de créativité.

8.1 D'où vient le diagramme d'idéation ?

Le diagramme d'idéation a d'abord répondu à un problème concret qu'éprouvait Tony Buzan : il voulait trouver comment assimiler toutes les notions de ses études universitaires de telle sorte qu'il puisse obtenir d'excellentes notes.

8.1.1 Une découverte faite sur le terrain

Buzan raconte : « Comme d'autres autour de moi, je traversais la "phase pèlerin" typique de l'étudiant : le volume de travail universitaire augmentait, et mon cerveau commençait à plier sous le poids des efforts de réflexion, d'idéation, de mémorisation, de résolution de problèmes, d'analyse et de rédaction. Comme d'autres, je commençais non seulement à accuser une baisse de mes résultats scolaires, mais surtout à augmenter le nombre des mes "non-résultats". Plus je prenais de notes et plus j'étudiais, moins je semblais réussir. » Buzan s'est alors convaincu que le corollaire pourrait être celui-ci : moins il prendrait de notes, plus il réussirait. Ce qui s'est avéré exact. On verra comment plus loin.

Buzan s'est alors mis à faire des recherches sur la nature de la pensée, la manière d'apprendre, les techniques de mémorisation, les processus de génération d'idées. Il a étudié la psychologie, la physiologie de la perception, la psychologie de l'apprentissage, la linguistique, et ainsi de suite.

La première découverte qu'il fait, c'est que, pour apprendre, il faut mettre à contribution les sens physiques tout autant que l'esprit. « Le simple fait d'associer les mots avec des couleurs transformait les notes que je prenais pendant mes cours », raconte-t-il. En jouant avec deux crayons de couleur sur ses notes, il a pu mémoriser 100 % plus de matière que quand il prenait des notes détaillées et rédigées minutieusement au stylo-bille.

Buzan décide alors de partager sa découverte avec d'autres jeunes qui éprouvaient des problèmes d'apprentissage; il travaille bénévolement auprès des élèves de classes spéciales et des délinquants de tous ordres. Il leur enseigne comment apprendre avec sa méthode de «diagrammes colorés» qui commençait à prendre forme. Les échecs se transforment en succès scolaires.

Buzan constate qu'il n'existe pas de livres sur la manière d'apprendre. Eussent-ils existé qu'il les aurait dévorés pour améliorer ses performances. Il cerne alors ce terrain vierge dans lequel il plongera pour faire carrière pendant 30 ans.

Peu après la fin de ses études, on le retrouve rédacteur en chef de l'*International Journal of Mensa*, Mensa étant l'association bien connue des personnes à quotient intellectuel exceptionnel. Buzan est celui qui a, jusqu'à maintenant, démontré le plus haut quotient intellectuel (secret?), et ses fans l'appellent Mr Brain.

Puis, il commence à publier une série d'ouvrages devant constituer «une encyclopédie du cerveau et de ses utilisations». Au cours des années, Buzan a publié ainsi une vingtaine de livres, lesquels ont été traduits en une vingtaine de langues. *Use your Head* (traduit sous le titre de *Une tête bien faite*) a été vendu à plus de un million d'exemplaires.

Tony Buzan a aussi conçu des audiocassettes, des vidéos, des séries radiophoniques et télévisées (pour la BBC) qui portaient sur l'intelligence ou l'apprentissage. Il a donné un nombre incalculable de séminaires pour les grandes entreprises et a dirigé des équipes olympiques. Il a récemment lancé les Mémoriades, un concours international pour démontrer les capacités de la mémoire humaine.

Buzan a fondé à Londres la *Brain Foundation*, qui a pour mission de répandre ses idées en organisant des séminaires de formation, en vendant des cassettes, et ainsi de suite. La *Brain Foundation* coordonne aussi les *Brain Clubs* qui ont pour but de rassembler en noyaux autonomes les gens qui veulent développer leur mémoire ou leur créativité selon la méthode du diagramme d'idéation.

Crime à la prison

Un gardien de la prison de Donnacona fait sa ronde. Il est minuit. Passant à la cuisine, il trouve la porte barrée de l'intérieur. Incompréhensible ! Il appelle à l'aide, on défonce. On jette un coup d'œil, la pièce est complètement vide... si ce n'est un corps qui pend au-dessus d'une flaque d'eau au bout d'une corde à nœud coulant.

Comment a-t-il pu faire pour se pendre ?

8.1.2 La pensée associative

Le professeur Petr Kouzmich Anokhin déclarait en 1973 : « Il n'existe aucun être humain capable d'utiliser toute la puissance de son cerveau. Aussi rejetons-nous les affirmations pessimistes qui disent que le cerveau humain est limité, car ses possibilités sont proprement illimitées : pour chiffrer les enchaînements possibles des neurones du cerveau, il faudrait écrire le chiffre 1 suivi de... dix millions de kilomètres de zéro. »

Pour comprendre combien cette possibilité de combiner et d'associer les idées est infinie, tentez cette simple expérience suggérée par Buzan. Partez d'un mot, n'importe quel ; disons, *chaise*. Écrivez sept mots qui vous viennent à l'esprit à partir de ce mot. Comparez votre liste à celle d'autres personnes. On ne trouve habituellement qu'un mot commun à deux participants et il est rare que plus de deux idées soient reprises par deux personnes.

Chaque neurone, en effet, peut se connecter à 10 000 neurones voisins. Il est vrai que nous avons deux cerveaux, le cerveau gauche pour la pensée linéaire et le cerveau droit pour la pensée spatiale, mais il est tout aussi vrai que nos deux cerveaux sont connectés entre eux et qu'ils participent tous deux aux deux formes de pensée.

Buzan explique que le cerveau est « une machine d'association en réseau » qui est doté de cinq fonctions : recevoir, ancrer, analyser, produire et contrôler. Examinons ces fonctions.

Recevoir : Le cerveau reçoit une masse d'informations produite par l'un ou l'autre des cinq sens, sans compter les sens proprioceptifs.

Ancrer : Le cerveau traite les informations reçues pour pouvoir les emmagasiner dans la mémoire sous une forme qui permettra, le cas échéant, de les retrouver.

Analyser : le cerveau est capable d'identifier les éléments minimaux et les principes d'organisation ; il peut aussi établir des rapports entre ces informations, les schématiser, généraliser, extrapoler.

Produire : Le cerveau peut ensuite émettre des idées personnelles, engendrer des actions.

Contrôler : Le cerveau accomplit tout cela tout en « gérant » les fonctions physiologiques automatiques ou les attitudes et les comportements acquis.

La petite auto grande en-dedans

Quelle marque de voiture « mini-compacte » est assez grande pour laisser monter en même temps une arrière-grand-mère, deux grands-mères, un arrière-petit-fils, deux petits-enfants, trois mères, un fils et deux filles ?

8.2 Le diagramme d'idéation : une synthèse visuelle

Le diagramme d'idéation est une synthèse visuelle, réalisée au fur et à mesure que des idées, qui surgissent à l'esprit par association, sont couchées sur un support.

8.2.1 Contre la notation linéaire

La méthode la plus souvent utilisée pour coucher les pensées est la prise de notes. La plupart des gens rédigent leurs notes de manière linéaire.

La notation linéaire prend plusieurs formes : la narration qui couche la pensée sous forme d'une phrase grammaticalement composée ; l'énumération qui étale les idées les unes à la suite des autres ; la hiérarchisation qui rassemble les idées en catégories et en sous-catégories. Toutes ces formes sont des variantes de la notation linéaire.

Buzan explique que la prise de notes linéaire «agit comme un anesthésique mental» parce que cette manière de procéder nous empêche de faire des associations d'idées. La notation linéaire donne l'impression qu'on est confronté à un énoncé définitif alors qu'il ne s'agit, comme son nom l'indique, que de notes. Il rappelle le cas du Russe Shereshevsky, qui était doté d'une mémoire phénoménale ; pour arriver à oublier les choses qui l'embarrassaient, Shereshevsky consacrait d'énormes efforts... à prendre des notes de plus en plus détaillées.

Buzan suggère plutôt de coucher ses idées sur le papier en fonctionnant «spatialement», en occupant l'espace petit à petit, par associations d'idées successives. Cela donne un diagramme où les éléments sont reliés de manière fonctionnelle, et non temporelle.

Un diagramme d'idéation montre donc des éléments reliés radialement à d'autres éléments... qui eux-mêmes sont reliés à d'autres éléments.

8.2.2 Pour la notation rayonnante

Les recherches de M. J. A. Howe ont démontré que la notation linéaire est la plus mauvaise façon de noter en vue de la mémorisation. Howe a fait des recherches auprès de sujets selon le type de notation auquel ils avaient recours.

Il a réparti en six types différents les notes de cours des apprenants :

1. Une transcription mot à mot de la matière est distribuée à l'étudiant.

2. L'étudiant compose un texte qui reproduit le plus fidèlement possible la matière.

3. L'étudiant reçoit un résumé de la matière.

4. L'étudiant résume personnellement la matière.

5. Celui qui enseigne la matière donne des mots clés qui rappellent la matière.

6. L'étudiant crée lui-même ses propres mots clés.

Eh bien ! on trouve ici l'ordre inverse de l'efficacité relative de ces diverses formes de notation : c'est l'usage de mots clés inventés par l'élève qui lui permet d'apprendre davantage, et c'est le recours au texte mot à mot qui rend l'apprentissage plus difficile.

La notation linéaire handicape la mémorisation et la créativité ; il suffit de mots clés pour apprendre. Buzan propose donc la « notation rayonnante » comme outil. Il explique : « Au début, je pensais appliquer ma méthode surtout pour développer la mémoire. Mais mon frère réussit à me persuader que la créativité constituait un champ d'application tout aussi important de ma méthode. » Dans le cas de cette notation rayonnante, Buzan recourt à ce qu'il appelle des schémas heuristiques, mieux connus sous le nom de *mind-mapping*, que nous traduisons ici par diagramme d'idéation.

Désastre ou heureux événement ?

Imaginez, tel que le suggère Hubert Jaoui, les conséquences que produiront les événements suivants :

1. Il n'y a plus de papier de disponible, les forêts étant épuisées.

2. Il est désormais interdit par la loi de voyager seul dans une auto.

3. Le montant des revenus annuels de tous les citoyens est rendu public.

4. Tous les citoyens peuvent accéder au transport en commun gratuitement.

5. La terre s'est réchauffée et la température moyenne annuelle est désormais de 10 °C.

6. Tout citoyen est obligé de porter un « thermomètre » qui divulgue sur-le-champ son degré de sympathie ou d'antipathie à l'égard d'une personne.

8.2.3 La technique du diagramme d'idéation

Le diagramme d'idéation est une technique de prise de notes et de développement d'idées qui fonctionne à partir du mode associatif. Nos idées sont liées entre elles dans notre esprit de la même façon que nous pouvons les représenter sur un diagramme : chaque idée est liée de multiples manières à des centaines ou à des milliers d'autres.

Pour noter ce foisonnement des idées, le diagramme d'idéation recourt à un organigramme rayonnant qui permet de relier visuellement les idées les unes aux autres à mesure qu'elles surgissent par association.

Le diagramme d'idéation est donc une forme de notation visuelle. La force de la mémoire visuelle a été démontrée maintes fois. Qu'on songe seulement à L. Standing qui a montré que des gens ordinaires peuvent voir plus de 10 000 images en une seule semaine et être encore capables de repérer parmi d'autres images celles qu'ils ont vues auparavant, et ce, avec une exactitude de 99 %. Cet auteur concluait : « La capacité de la mémoire pour reconnaître des images est quasiment sans limites. » Connaissant ce pouvoir de visualisation, on peut se demander comment il se fait qu'on ne se serve pas davantage du visuel pour stimuler les facultés créatrices. (Il est vrai que 90 % des gens prétendent n'avoir aucun talent pour le dessin.)

Pourtant, l'idée de schématiser graphiquement un ensemble complexe de données n'est pas vraiment nouvelle, puisque la célèbre encyclopédie française *Universalis* présentait sous forme de graphique l'ensemble des connaissances, essayant de montrer comment les unes étaient reliées aux autres. Buzan a pour sa part systématisé cette forme d'inventaire des idées, a créé des organisations et a monté des cours et des séminaires pour répandre sa méthode.

L'idée sous-jacente est qu'en inventoriant ainsi – visuellement – les idées liées à une idée, puis chaque idée liée à chacune des autres, on provoque des associations d'idées qui constituent des créations.

Buzan suggère aussi de recourir à la couleur pour marquer le caractère particulier de chacune et à des symboles convenus de manière à pouvoir prendre note plus rapidement des idées qui surgissent à l'esprit.

La suggestonomie

1. Répertoriez cinq édifices publics de votre localité. Baptisez-les d'un nom descriptif et suggestif.

2.Répertoriez 10 objets utilitaires de votre quotidien.
Rebaptisez-les en fonction des mêmes critères.

8.2.4 Dessiner un réseau de relations

Le diagramme d'idéation sert en réalité à représenter le réseau de relations qui existe entre les idées qui gravitent autour d'une idée centrale. Le diagramme d'idéation finit par prendre une allure enchevêtrée, comme les circonvolutions du cerveau ou les ramifications des lignes du métro de Paris ou de New York.

Dessiner un diagramme d'idéation consiste à écrire sur une feuille l'idée centrale sur laquelle on va réfléchir. Ensuite, on dessine tout autour les 10 ou 15 idées que l'idée centrale suggère. Après quoi, on reprend chacune des idées satellites pour la considérer comme idée centrale et inventorier les 10 ou 15 idées qu'elle suggère à son tour et ainsi de suite.

Voici, par exemple, à quoi ressemble le diagramme d'idéation qui décrit le contenu du site internet de Peter Russel à l'adresse http://204.189.63.11/pete/index2.html

On peut remarquer que :

- le sujet de réflexion est marqué au centre du diagramme ;

- les idées secondaires qui y sont associées rayonnent autour du sujet principal (et les idées tertiaires rayonnent à partir des idées secondaires) ;

- des formes géométriques, des couleurs ou des éléments figuratifs permettent de distinguer divers types de relations.

Comment peut-on arriver à accoucher d'un grand nombre d'idées associées à un concept déclencheur ? En répondant à certaines questions simples comme celles-ci :

- Que doit-on connaître pour comprendre ce concept ou travailler dans ce domaine ?

- Si ce concept était le sujet d'un livre, quels seraient les titres des principaux chapitres ?

– Quelles sont les sept principales catégories reliées au concept en question ?

– Qui ? Quand ? Quoi ? Où ? Comment ? Pourquoi ?

8.2.5 Êtes-vous dessinateur ?

Pour réaliser des diagrammes d'idéation, on peut recourir à divers outils, du dessin à main levée jusqu'à l'ordinateur en passant par le collage.

L'expérience a cependant montré qu'il faut respecter certaines lois pour pouvoir réaliser des diagrammes d'idéation utiles :

1. *Miser sur le relief*
   Bien définir l'image centrale
   La colorer largement
   Multiplier les éléments figuratifs
   Recourir au 3D
   Varier la typographie et les liens
   Utiliser l'espace de manière structurante
   Ne pas empiler les éléments ; laisser respirer l'espace

2. *Recourir à des éléments associatifs*
   Relier les divers éléments à l'aide de flèches
   Associer ou différencier les éléments à l'aide de couleurs
   Utiliser des codes convenus pour les mêmes raisons

3. *Être clair*
   Définir chaque idée par un seul mot bien choisi
   Donner une signification univoque à l'épaisseur des traits
   Recourir à des plages de couleur ou à des contours pour réunir les éléments en paquets
   Dessiner les images d'un trait simple et ferme

4. *Développer son propre style*
   L'important est que votre diagramme d'idéation vous soit utile.

La maison miracle

Je connais une personne qui voulait se faire construire une maison carrée et faire en sorte que chacune de ses façades soit orientée vers le sud. Elle a réussi. Comment est-ce possible ?

8.2.6 L'utilité du diagramme d'idéation

Le diagramme d'idéation peut servir à de nombreux usages. En général, il sert à inventorier les idées de manière créative (un genre d'analyse intuitive) ou à faire la synthèse autour d'une question en vue d'agir (mémoriser, décider, exposer, établir le consensus, etc.).

Il faut bien comprendre que le diagramme d'idéation permet facilement de stimuler la créativité, puisqu'il fait appel à l'efficace sens de la vue pour déclencher des idées nouvelles par association.

Cependant, une fois que toutes ces idées sont étalées là, sur le papier, à quoi peuvent-elles servir ? À plusieurs fins, comme faire des choix ou rédiger des textes.

Faire des choix. Le diagramme d'idéation permet de prendre plus facilement des décisions, car il rassemble, dans un même document que le regard peut examiner d'un coup, les tenants et les aboutissants d'une question.

Avoir les idées claires sur les avantages ou les désavantages de prendre une direction ou une autre facilite grandement la prise de décision. C'est en ce sens que le diagramme d'idéation peut nous aider à arrêter nos choix.

Rédiger des textes. Un diagramme d'idéation permet d'organiser ses propres idées ou d'organiser les idées des autres.

Quand on a rassemblé dans un diagramme toutes les idées qui nous sont venues à l'esprit, on peut alors les classer, les hiérarchiser. Il devient ainsi plus facile de rédiger un court paragraphe ou deux autour de chacune des idées.

Le même processus permet encore d'organiser les idées des autres et, par la suite, de les mémoriser beaucoup plus facilement.

Le diagramme d'idéation est un outil extrêmement utile pour stimuler l'imagination... et tout simplement pour penser plus clairement.

Un œuf pot-pourri

*L*es techniques de créativité se suivent par vagues, chaque vague effaçant l'essentiel des traces de la vague précédente laissées sur le sable. Il en va dans ce domaine comme dans tant d'autres : la mode, amplifiée par les médias, use prématurément les idées comme les vêtements. Le *mind-mapping* est sans doute le dernier avatar en matière de techniques de créativité.

L'initiateur du *mind-mapping* est Tony Buzan, mais un associé, Peter Russell, s'est joint à lui au début des années 80. Il a repris le flambeau allumé par Buzan. Russell avait étudié en physique théorique à Cambridge avant d'être accroché par les philosophies orientales. Il a voyagé en Inde avant de devenir un ardent propagandiste des techniques de méditation... puis de créativité. C'est ce lien entre méditation et créativité qui en est venu a privilégier la « concentration visuelle » comme technique pour mémoriser des ensembles complexes, ce qui est la particularité du *mind-mapping* .

Le *mind-mapping* est aujourd'hui enseigné comme une technique de créativité dans de nombreuses écoles d'art et de communication à travers le monde... et dans plusieurs grandes entreprises comme formation à la productivité. Russell dit : « Le *mind-mapping* libère l'esprit de la pensée linéaire, permettant ainsi aux idées de s'écouler plus rapidement. »

Même si Russell a fini par obtenir un diplôme en informatique, Buzan et lui sont devenus eux aussi des genres de « motivateurs » qui parcourent le monde des congrès. Au moment dre rédiger ces lignes, j'examine le calendrier des prochains mois et vois que Russell donnera un exposé au 7th International Whale and Dolphin Conference à Tokyo le mois prochain ; au Great Awakening, Health Center Benefit de Fresno, Californie, le mois suivant ; au Club of Budapest, International Conference of the Earth, à Bruxelles, le mois suivant, et ainsi de suite.

Un peu comme pour la pensée latérale, le *mind-mapping* est devenu un produit qui se vend chèrement aux Apple et autres IBM parfois sous le nom d'une session de formation de six heures appelée *Radiant Thinking®* (qui est essentiellement la même idée que le *mind-mapping*). En six heures, prétend-on, on vous enseignera comment appliquer l'efficacité du *mind-mapping* « à la gestion de vos appels téléphoniques, à la tenue de votre agendas, à la rédaction de vos procès-verbaux, ou même au développement de projets plus complexes » (! ! !).

Buzan et Russell veulent initier 10 % de toute la population mondiale au *mind-mapping* avant l'an 2000. « Étudier la science de l'art ; étudier l'art de la science ; développer ses sens – spécialement l'art de regarder. » Tel est le dernier slogan de l'entreprise pour développer le Mental Literacy (attention, il y a un copyright sur cette expression !).

C'est un commerce construit autour d'une idée qui peut, par ailleurs, être avantageusement utilisée pour stimuler les idées autour d'une question-centre.

Épilogue

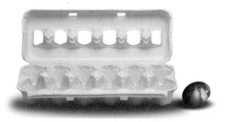

L'esprit de l'univers est à la fois créateur et destructeur. Il crée en détruisant et détruit en créant. Pour cette raison, il reste pour nous un mystère.

Dr Albert Schweitzer

QUELQUES ÉLÉMENTS DE RÉPONSES AUX EXERCICES

Exercice n° 1

Il y a de nombreuses solutions possibles à ce problème.

Cambridge est le seul nom de ville de la série qui jouisse d'une réputation universitaire autant en Amérique (Harvard) qu'en Europe (Cambridge) ; Québec est la seule ville de la série qui est en Amérique et à majorité francophone ; London est le seul mot de la série répétant une même diphtongue ; etc.

Exercice n° 2

Il y a de nombreuses solutions possibles à ce problème.

Exercice n° 3

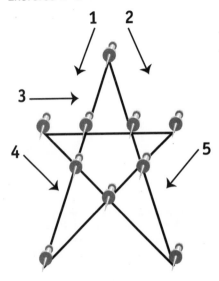

Exercice n° 4

Comme ceci : en superposant ainsi les six crayons.

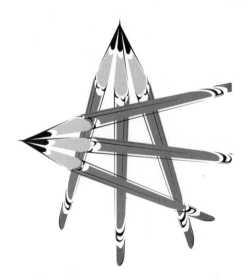

Exercice n° 5

Voici une solution possible. Mais il y en a sans doute d'autres.

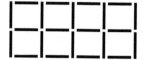

Exercice n° 6

On voit, dans la disposition suivante, deux carrés et quatre triangles.

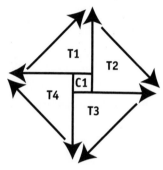

Exercice n° 7

Voici une disposition qui permet d'obtenir un total de 15. Aussi, en intervertissant la colonne de gauche et celle de droite ou en intervertissant la rangée du haut et celle du bas, on peut obtenir le même résultat.

4	3	8
9	5	1
2	7	6

Exercice n° 8

Le lingot alourdi par la plume tombera plus vite, le poids des deux éléments mis ensemble étant plus grand que le poids du lingot seul.

Exercice n° 9
Il y a plusieurs solutions possibles à ce problème.

Exercice n° 10
Voici le raisonnement de l'aveugle. «Si j'avais un chapeau rouge et que celui du borgne était de la même couleur, le manchot aurait conclu qu'il porte un chapeau blanc, et le borgne aurait su que le sien est rouge.»
Le manchot n'ayant pas tiré cette conclusion, c'est qu'il voit, soit deux chapeaux blancs, soit qu'il voit un chapeau blanc et un chapeau rouge. D'après cela, le borgne ne pouvant affirmer à son tour la couleur de son chapeau, il faut qu'il voie lui aussi, soit deux chapeaux blancs, soit un chapeau blanc et un chapeau rouge.
Si ni le manchot ni le borgne n'ont pu conclure que leur chapeau est blanc, c'est parce que chacun voit soit deux chapeaux blancs, soit un blanc et un rouge – et comme ce rouge ne peut être le mien, j'ai donc un chapeau blanc.

Exercice n° 11
Le nombre de solutions à ce problème est infini. En voici quelques-unes.

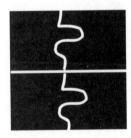

Exercice n° 12
Si c'est Ding qui grimpe sur les épaules de Dong, il disposera de ces quelques pouces manquants puisque ses bras sont plus longs.

Exercice n° 13

Il existe de nombreuses solutions possibles à ce problème.

Exercice n° 14

Quand vous aurez réalisé cette expérience vous-même, vous aurez sans doute constaté ce que l'on voulait démontrer...

Exercice n° 15 à n° 24

Il y a de nombreuses solutions possibles à ces problèmes.

Exercice n° 25

Si vous avez répondu Pof, vous avez fait comme 9 personnes sur 10. Mais il est bien dit que c'est la maman de Toto qui a trois enfants; le troisième enfant se nomme donc nécessairement... Toto !

Exercice n° 26 à n° 35

Il existe de nombreuses solutions possibles à ces problèmes. Au fait, avez-vous remarqué qu'à l'exercice 34, la lettre « T » a été oubliée ? Bravo !

Exercice n° 36

Il a pris un bloc de glace dans l'entrepôt frigorifié adjacent à la cuisine et est monté dessus. Le bloc a fondu et l'a entraîné dans la mort.

Exercice n° 37

Imaginez que Simone est la mère de Marie qui est la mère de Caroline qui est la mère de Guillaume. Voilà donc déjà une arrière grand-mère : Simone ; deux grands-mères : Simone et Marie ; trois mères : Simone, Marie et Caroline ; un arrière-petit-fils : Guillaume ; deux petits-enfants : Caroline et Guillaume ; un fils : Guillaume et deux filles : Marie et Caroline.
La beauté de la chose, c'est que si l'ensemble de ces personnes montaient dans une même voiture, ils ne totaliseraient tout de même que quatre passagers !

Exercice n° 38
Il existe de nombreuses solutions possibles à ce problème.

Exercice n° 39
Il existe de nombreuses solutions possibles à ce problème.

Exercice n° 40
En la construisant exactement au-dessus du pôle Nord, le regard sera dirigé vers le sud, peu importe la direction regardée !

DES OUVRAGES DE RÉFÉRENCE ET D'AUTRES RENSEIGNEMENTS UTILES

« C'est le triomphe du génie de faire apparaître comme nouveau ce qui est habituel. »

GOETHE
POÈTE ALLEMAND

1. Des livres riches d'idées

Les titres les plus accessibles apparaissent en gras.

AMOROSO, Henri. *Les mécanismes du génie.* Paris, Presses de la Cité, 1983.

ANZIEU, Didier et collaborateurs. *La sublimation : les sentiers de la création.* Paris, Tchou, 1979.

ANZIEU, Didier. *Psychanalyse du génie créateur.* Paris, Dunod, 1974.

ATLAN, Henri et coll. *Création et créativité*. Albeuve, Suisse, Éditions Castella, 1986.

AUBERT, Dominique (éd.). *Développez votre créativité*. Amsterdam, Éditions Time-Life, 1994.

AZNAR, Guy et collaborateurs. *Fiches d'animation créative des groupes : un nouveau style d'animation*. Paris, Éditions d'Organisation, 1976.

BACUS, Anne. *Développez votre créativité*. Alleur, Belgique, Marabout, 1992.

BEAUDOT, Alain (dir.). *La créativité : recherches américaines*. Paris, Dunod, 1973.

BEER, Ulrich et ERL, Willi. *Épanouissement de la créativité*. Sherbrooke, Éditions Pauline, 1975.

BOIREL, René. *Théorie générale de l'invention*. Paris, PUF, 1961.

BOTTON, Marcel. *50 fiches de créativité appliquée*. Paris, Éditions d'organisation, 1980.

BRANDANDERE, Luc de. *Le plaisir des idées : libérer, gérer et entraîner la créativité*. Cambridge, Cambridge University Press, 1988

BUZAN, Tony. *Une tête bien faite : exploitez vos ressources intellectuelles*. Paris, Éditions d'organisation, 1979.

CARABIN, Thierry M. *Testez votre créativité*. Paris, De Vecchi, 1993.

CHAZAUD, Jacques. *Psychanalyse et créativité culturelle*. Toulouse, Privat, 1972.

CUSSON, Paul. *La créativité à l'ordre du jour*. Saint-Zénon (Québec), L. Courteau, 1993.

DE BONO, Edward. *Réfléchir mieux*. Paris, Éditions d'organisation, 1985.

DEBRAY-RITZEN, Pierre. *Psychologie de la création : de l'art des parfums à l'art littéraire*. Paris, Albin-Michel, 1979.

DEGRANGE, Michel. *Pratique, théorie et technique de la créativité*. Paris, École nationale supérieure d'arts et métiers, 1993.

DEGRANGE, Michel. *Recherches sur la créativité appliquée*. Paris, École nationale supérieure d'arts et métiers, 1989.

DEMAREST, Michel. *La créatique : psycho-pédagogie de l'invention*. Paris, Le Courrier du livre, 1975.

DEMORY, Bernard. *La créativité en 50 questions*. Paris, Chotard, 1976.

DÉRY, René. *L'idéation publicitaire*. Montréal, Éditions Transcontinental, 1997.

Dru, Jean-Marie. *Le saut créatif*. Paris, Lattês, 1984.

FUSTIER, Michel. *Pratique de la création : connaissance du problème, applications pratiques*. Paris, Entreprise moderne d'édition, 1982.

GARFIELD, Patricia. *La créativité onirique : du rêve ordinaire au rêve lucide*. Paris, Table ronde, 1982.

GLOVER, John A. (éd.) *Handbook of creativity*. New York, Plenum Press, 1989.

GORDON, W.J.J. *La stimulation des facultés créatrices : la synectique*. Paris, Éditions Hommes et Techniques, 1961.

JAOUI, Hubert. *Créatifs au quotidien : outils et méthodes*. Marseille, Hommes et perspectives, 1991.

JAOUI, Hubert. *La créativité*. Paris, Épi, 1979.

JAOUI, Hubert. *La créativité : le trésor inconnu*. Paris, Morisset, 1995.

JOANNIS, Henri. *Le processus de création publicitaire. Stratégie, conception et réalisation des messages*. Paris, Dunod, 1988.

KAUFMAN, Arnold. *L'inventique : nouvelles méthodes de créativité*. Paris, Entreprise moderne d'édition, 1970.

KIRST, Werner. *Entraînement à la créativité : la technique des comportements créatifs et l'imagination productive*. Tournai, Casterman, 1975.

KOESTLER, Arthur. *Le Cri d'Archimède, l'art de la découverte à la découverte de l'art*. Paris, Calmann-Levy, 1965.

LAMBERT, Michèle. *Être créatif au quotidien*. Paris, Retz, 1991.

LEMAÎTRE, Pierre. *Méthodologie appliquée au* problem solving. Paris, Chotard, 1983.

LIBMAN, François. *Méthode pour innover et se diversifier*. Paris, Éditions d'organisation, 1980.

MATHIEU-BATSCH, Colette. *Invitation à la créativité*. Paris, Éditions d'organisation, 1985.

MOLES, A. A. et CAUDE, R. *Créativité et méthodes d'innovation*. Paris, Fayard-Mame, 1970.

OSBORN, Alex. *Créativité, l'imagination constructive*. Paris, Bordas-Dunod, 1988.

PENISSARD, Didier. *Comment avoir des idées, méthode pratique : les secrets pour développer votre créativité*. Parthenay, D. Penissard, 1991.

RAPAILLE. Gilbert. *La relation créatrice*. Paris, Éditions universitaires, 1973.

RAUDSEPP, Eugène. *Êtes-vous créatif : 100 tests pour mesurer et développer votre quotient créatif*. Paris, Albin-Michel, 1983.

ROTHENBERG, Albert. *The Index od Scientific Writings on Creativity : General ; 1566-1974*. Hamden, Conn., Archon Books, 1976.

ROUQUETTE, Michel-Louis. *La créativité* (Que Sais-je?). Paris, Presses universitaires de France, 1989.

SOL, Jean-Pierre. *Techniques et méthodes de créativité appliquée ou le Dialogue du poète et du logicien*. Paris, Éditions Universitaires, 1974.

STERNBERG, Robert J. *The Nature of Creativity : Contemporary*

Psychological Perspectives. Cambridge, Cambridge Univ Press, 1988.

VIDAL, Florence. *L'instant créatif*. Paris, Flammarion, 1984.

VIDAL, Florence. Problem-solving : *méthodologie générale de la créativité*. Paris, Dunod 1971.

VON OECH, Roger. *Créatif de choc!* Paris, Albin-Michel, 1986.

ZAHAR, Marcel. *Les Voies de la création : le jeu des facultés*. Paris, Émile-Paul, 1972.

2. Des sites Internet foisonnants

Tout sur la créativité :
http ://www.ozemail.com.au/~caveman/Creative/

Logiciels de stimulation de la créativité :
http ://www.ozemail.com.au/~caveman/Creative/Software/swindex.htm

Une liste de sites W3 sur la créativité :
http ://www.ozemail.com.au/~caveman/Creative/Resources/www.htm

Un centre de formation canadien sur Internet :
http ://www.resudox.net/actis/main.html

3. Pour les placoteux, un forum par courrier électronique

The Creativity and Creative Problem Solving (CPS) Mailing List
Pour s'abonner à la liste d'envoi, expédiez un courriel à LISTSERV@NIC.SURFNET.NL avec le message SUBSCRIBE CREA-CPS dans le corps de votre envoi.

4. Quelques périodiques

Creative Child and Adult Quaterly
Ed. Ann F. Isaacs, National Association for Creative Children and Adults
8080 Springvalley Dr.
Cincinnati, OH 45236.
ÉTATS-UNIS

Creativity & Innovation Network
Ed. Dr Tudor Rickards
Manchester Business School, University of Manchester
Booth St. W.
Manchester, M15 6PB
ANGLETERRE

Creativity in Action
Ed. Sid Shore
P.O. Box 603
Sharon, Conn. 06069
ÉTATS-UNIS

Creativity Research Journal
Erlbaum Lawrence Associates Publishers Inc.
10 Industrial Ave
Mahwah, NJ 07430-2205
ÉTATS-UNIS

Focus Creativity
Ed. Dudley Lynch, Brain Technologies Corp.
827 Westwood Dr.
Richardson, TX 75080
ÉTATS-UNIS

International Creativity Network Newsletter
Center for Studies in Creativity
Buffalo State College
1300 Elmwood Ave.
Buffalo, NY 14222
ÉTATS-UNIS

Journal of Creative Behaviour
Creative Education Foundation
1058 Union Rd., # 4
Buffalo, NY 14224-3402
ÉTATS-UNIS

Think : The Magazine on Critical and Creative Thinking
ECS Learning Systems
P.O. Box 791437
San Antonio, TX 78279
ÉTATS-UNIS

5. Des ressources pour la formation

a) Cours sur la créativité

Un cours par Internet
Le cours « Créativité » du Collège Inter-Dec de Montréal
Développé par Bernard Champoux en collaboration avec Carl Tremblay
L'adresse :
Créativité français : http://www.clasalle.qc.ca/berfc/index.htm
Buts du cours :
Définir les notions essentielles de la créativité.
Identifier les facteurs affectant la créativité.
Distinguer la démarche de la pensée divergente de celle de la pensée convergente.
Appliquer à une résolution de problèmes des techniques de créativité intuitives et analytiques.
Apprendre à gérer et à visualiser une résolution de problèmes.

Cours à l'Université Laval
GRH-20629 Résolution de problèmes et créativité
Département des relations industrielles
Ce cours vise l'acquisition des méthodes de détermination et de résolution de problèmes, à démontrer la nécessité de se donner des perspectives nécessaires au traitement de situations complexes (stress, toxicomanie, violence, etc.), à mettre en place les pratiques de gestion et les techniques liées à la prise de décision et à la créativité, afin de trouver des solutions innovatrices.

PPG-13829 Créativité et intervention pédagogique
Département de didactique, de psychopédagogie et de technologie éducative
Étude et analyse critique des différentes conceptions de la créativité, des principaux facteurs qui l'affectent, des caractéristiques des personnes créatrices. Exploration et expérimentation personnelles des processus créateurs et des techniques d'intervention favorisant le développement de la pensée créatrice et des attitudes créatrices en enseignement.

COM-18007 Création publicitaire

Département d'information et de communication

Étude de la création de la nouveauté en matière de conception de messages à des fins informatives ou persuasives. Développement de la créativité par l'apprentissage de méthodes heuristiques (*listing*, *brainstorming*, *synectique*). Prétests et méthodes d'évaluation des messages en fonction de leurs objectifs de communication.

École d'administration publique de l'Université du Québec

Développer votre créativité et celle de votre milieu

Séminaire de deux jours

Le contexte de changement radical actuel exige des gestionnaires de faire preuve de beaucoup de créativité, de remettre en question leurs paradigmes et leurs présomptions et de concevoir de nouvelles idées concernant les produits, les services et les processus. En plus d'être eux-mêmes créatifs, les gestionnaires doivent mettre en place les conditions favorables à la créativité de leurs employés.

Cours à l'Université du Québec à Trois-Rivières
PPG1003 Psychologie et pédagogie de la créativité

Secteur Éducation

Identifier des notions et conditions relatives à la pensée créatrice. Amener l'étudiant à prendre conscience de ses capacités de création en donnant un entraînement à la pensée créatrice. L'état actuel de la question, notamment les résultats des recherches américaines dans ce domaine. L'analyse du processus de la créativité. La psychologie du sujet créatif : divergence, convergence, fluidité, flexibilité, originalité, blocage. Les méthodes et techniques favorisant le potentiel créatif chez l'étudiant. L'application de ces notions et expériences en éducation. L'élaboration et la réalisation des stratégies pédagogiques qui favorisent des habiletés créatives chez l'élève.

PSY1443 Individu créateur et l'entraînement à la créativité
Secteur Psychologie
Contributions multidisciplinaires à la problématique de la créativité et aux conditions de sa manifestation. Recherches, mécanismes et techniques favorisant l'actualisation du potentiel créateur.

PSY9425 Psychologie de la créativité
Secteur Psychologie
Cours-atelier ayant pour objectif de faire vivre un processus de création. Notions de créativité, de la personnalité créatrice et des facteurs motivationnels. Expérimentation des techniques de stimulation de la créativité. Liens avec diverses pratiques d'intervention.

PBX1013 Art et créativité (3 crédits)
Secteur Beaux-arts et arts appliqués
Définir la problématique de l'environnement. Étudier les mécanismes de la créativité. L'observation, la réflexion et l'expression dans les mécanismes de la création. Le développement, l'éducation et le contrôle de l'imagination selon les principes de la recherche épistémologique. Approche conceptuelle des arts, rôle et influence des sociétés d'art. Analyse des contraintes imposées. Analyse des problèmes que pose l'environnement et des aptitudes de l'artiste à s'y adapter. Expériences des médias d'expressions tels que : signalisation, communication, cinéma, télévision, etc. Conception sur l'utilisation de l'espace. Études des aspects socioéconomiques de la carrière d'un artiste : gestion d'un atelier, galeries, musées, salles d'expositions, etc.

3PED507 Créativité et résolution de problèmes
Secteur Éducation
Développer le potentiel créatif de la personne pour une plus grande satisfaction dans sa vie professionnelle. Voir les défis comme base de développement de la pensée créative. Techniques de créativité. Aspects cliniques et facteurs de créativité. Production d'idées et prise de décision optimale. Faire en sorte que les idées se réalisent. Maîtrise du jugement différé.

2MGO703 Créativité et négociation

Secteur Administration des affaires

Établir une relation théorique et pratique entre le processus de créativité et le processus d'innovation. Permettre de situer son lieu personnel de créativité et d'innovation compte tenu de sa personnalité, de ses aptitudes, de sa formation ainsi que de ses expériences antérieures. Expliquer les conséquences des conflits ; comprendre les stratégies à adopter pour les gérer. La créativité : la notion de créativité, déterminants, aptitudes, barrières, le processus de créativité en management, le management de la créativité. Les techniques de la créativité. Les notions de coopération, compétition et conflit. Types de conflits ; sources et conséquences des conflits. Dynamique organisationnelle : gestion du conflit, approches de résolution des conflits. Négociation traditionnelle et « raisonnelle » dans le domaine des conflits de travail.

Cours à l'Université du Québec à Montréal
EDU4700 Techniques de créativité

Secteur Éducation

Développer la créativité individuelle et de groupe dans le sens de la production d'idées et de la résolution de problèmes, spécifiquement dans le domaine de l'éducation. Sensibilisation aux techniques de créativité appliquées en éducation (*brainstorming*, synectique, GRIPPS, etc.). Expérimentation des rôles de meneur, expert, participant. Identification des attitudes qui favorisent la créativité individuelle et de groupe. Élaboration de projets pédagogiques à l'aide de techniques de créativité. Résolution de problèmes dans un contexte d'apprentissage.

PSY5840 L' individu créateur et l'entraînement à la créativité

Secteur Psychologie

Maîtriser les concepts qui participent aux différentes définitions de la créativité et aux thèmes de recherche en ce domaine. Exercer son potentiel créateur. Contributions multidisciplinaires à la problématique de la créativité et aux conditions de sa manifestation. Recherches, mécanismes et techniques favorisant l'actualisation du potentiel créateur. Cours-atelier.

PSY9425 Psychologie de la créativité
Secteur Psychologie
Cours-atelier ayant pour objectif de faire vivre un processus de création. Notions de créativité, de la personnalité créatrice et des facteurs motivationnels. Expérimentation des techniques de stimulation de la créativité. Liens avec diverses pratiques d'intervention.

COM3215 Animation culturelle et créativité
Secteur Services publics et communautaires
Apprentissage des connaissances pratiques et théoriques des stratégies de développement de la créativité : techniques d'harmonisation et d'imageries mentales, stratégies non verbales, méthodes et techniques verbales. Ateliers de développement de la pensée créatrice et exploration des moyens et attitudes favorables au développement de la créativité chez les individus et dans les groupes. Apprentissage des fondements psychophysiologiques du processus créateur. Sensibilisation aux rapports existants entre la créativité personnelle, l'animateur culturel et le changement social. Cours-atelier.

Cours à l'Université de Sherbrooke
GRH 562 Créativité et travail en équipe
Secteur Gestion des ressources humaines
Objectif : approfondir les connaissances concernant la naissance, l'évolution et la maturité des groupes ; développer les habiletés pour animer des réunions de travail productives et mettre en pratique les techniques de prise de décision ; prendre conscience de l'importance de la créativité et mettre en pratique les techniques de créativité. Contenu : le groupe de travail. Le déroulement et l'évaluation d'une réunion. Le diagnostic d'une réunion. L'animation d'une réunion. Le rôle d'animateur. Le processus de solution de problèmes. La créativité dans le travail en équipe. La mise en application des diverses techniques de créativité.

Cours à l'Université du Québec à Rimouski
PSS16094 Techniques de créativité
Secteur Psychologie
Connaître et expérimenter des techniques de créativité en groupe. Nature de la créativité et de l'innovation. Processus de création. Potentiel créateur individuel. Attitudes favorables et nuisibles à la créativité. Techniques de la créativité en groupe : analogiques, concassage, recadrage, remue-méninges, relations forcées, synectique et autres.

EXP15780 Créativité
Secteur Psychologie
Explorer de façon générale le champ donné en fonction du futur rôle d'enseignant. Prise de conscience et expression de ses capacités de fluidité, de flexibilité, d'originalité et d'élaboration.

Cours à l'Université du Québec à Hull
ARP1753 Créativité : processus et méthodes
Secteur Beaux-arts et arts appliqués
Permettre à l'étudiant de se familiariser avec les méthodes de stimulation de la créativité et d'acquérir une meilleure compréhension du moteur et des étapes du processus de création artistique. L'inciter à mieux identifier ses intérêts artistiques et ses choix esthétiques et à développer une méthogologie adaptée à ses objectifs et à ses besoins. Étude du processus de création artistique à partir de textes et d'œuvres d'artistes (exemple : Léonard de Vinci, Max Ernst, Paul-Émile Borduas, Robert Smithson et autres). Étude des techniques d'élaboration d'une démarche en arts visuels et des relations entre théorie et pratique. Présentation d'un projet d'explorations méthodologiques par l'étudiant et réalisation de ce projet.

Centre de recherche en créativité appliquée
Monsieur Danny Lyonnais
51, rue Saint-Moritz
Cantley (Québec) J8V 3B2
Téléphone : (613) 791-4365 Téléphone et télécopieur : (819) 827-4906
Courriel : lyon@actis.ca

Institut Ressources
Grand Chemin, 54 B1380 Lasne
Téléphone : 02/633 37 82 Téléphone : 02/633 38 71
Courriel : alain.moenaert@infoboard.be
Centre de formation à distance
Centre for Commercial Innovation (CCI) Ltd.
P.O. Box 286
6800 AG ARNHEM-NL
HOLLANDE
Téléphone : (+31) 316-264736
Courriel : 104706.44@compuserve.com

b) Quelques adresses de centres de formation spécialisés
Use Your Head Club
(Le Mind Mapping)
P.O. Box 1821
Marlow SL7 2YW
ROYAUME-UNI
Téléphone : (+44) 1628 477004

APTT (Advanced Practical Training, Inc.)
(Le Lateral Thinking)
Le Thinking Skills & Creative Problem-Solving Workshop
du McGill University Executive Institute
1001, rue Sherbrooke Ouest, bur. 401
Montréal (Québec) H3A 1G5
Téléphone : (514) 398-3970
Télécopieur : (514) 398-7443
Courriel : executive@management.mcgill.ca

Center for Studies in Creativity
(Le brainstorming)
State University College at Buffalo
1300 Elmwood Avenue, Chase Hall 244

Buffalo, NY 14222-1095
ÉTATS-UNIS
Téléphone : (716) 878-6223
Télécopieur : (716) 878-4040

C) Des logiciels

Le site Internet suivant dresse l'inventaire des logiciels disponibles pour favoriser la créativité :

http ://www.ozemail.com.au/~caveman/Creative/Software/swindex.htm

AUTRES TITRES PARUS AUX ÉDITIONS TRANSCONTINENTAL

Collection Communication visuelle

Comment construire une image
Claude Cossette
29,95 $
144 pages, 1997

L'idéation publicitaire
René Déry
29,95 $
144 pages, 1997

Les styles dans la communication visuelle
Claude Cossette et Claude A. Simard
29,95 $
144 pages, 1997

Comment faire des images qui parlent
Luc Saint-Hilaire
29,95 $
144 pages, 1997

Collection Ressources humaines
(sous la direction de Jacques Lalanne)

Vendeur efficace
Carl Zaiss et Thomas Gordon
34,95 $
360 pages, 1997

Adieu patron! Bonjour coach!
Dennis C. Kinlaw
24,95 $
200 pages, 1997

Collection principale

Guide des franchises et du partenariat au Québec (4ᵉ édition)
Institut national sur le franchisage et le partenariat
36,95 $
464 pages, 1997

Solange Chaput-Rolland
La soif de liberté
Francine Harel-Giasson et Francine Demers
21,95 $
200 pages, 1997

Bourse : investir avec succès (La)
Gérard Bérubé
36,95 $
420 pages, 1997

Crédit et recouvrement au Québec (3ᵉ édition)
La référence pour les gestionnaires de crédit
Lilian Beaulieu, en collaboration avec N. Pinard et J. Demers
55 $
400 pages, 1997

Le télétravail
Yves Codère
27,95 $
216 pages, 1997

Rebondir après une rupture de carrière
Georges Vigny
29,95 $
300 pages, 1996

Ouvrez vite !
Faites la bonne offre, au bon client, au bon moment
Alain Samson, en collaboration avec Georges Vigny

29,95 $
258 pages, 1996

L'offre irrésistible
Faites du marketing direct l'outil de votre succès
Georges Vigny

26,95 $
176 pages, 1995

La guerre contre Meubli-Mart
Alain Samson

24,95 $
256 pages, 1995

100 % tonus
Pour une organisation mobilisée
Pierre-Marc Meunier

19,95 $
192 pages, 1995

9-1-1 CA$H
Une aventure financière dont vous êtes le héros
Alain Samson et Paul Dell'Aniello

24,95 $
256 pages, 1995

1001 trucs publicitaires (2ᵉ édition)
Luc Dupont

36,95 $
292 pages, 1993

Maître de son temps
Marcel Côté

24,95 $
176 pages, 1993

À la recherche de l'humain
Jean-Marc Chaput

19,95 $
248 pages, 1992

Vendre aux entreprises
Pierre Brouillette

34,95 $
356 pages, 1992

Collection Entreprendre

Comment gagner la course à l'exportation
Georges Vigny

27,95 $
200 pages, 1997

La révolution du savoir dans l'entreprise
Fernand Landry

24,95 $
168 pages, 1997

Comment faire un plan de marketing stratégique
Pierre Filiatrault

24,95 $
206 pages, 1997

Profession : travailleur autonome
Sylvie Laferté et Gilles Saint-Pierre

24,95 $
272 pages, 1997

Réaliser son projet d'entreprise
Louis Jacques Filion et ses collaborateurs

27,95 $
268 pages, 1997

Comment rédiger son plan d'affaires
À l'aide d'un exemple de projet d'entreprise
André Belley, Louis Dussault, Sylvie Laferté

24,95 $
276 pages, 1996

La gestion participative
Mobilisez vos employés !
Gérard Perron

24,95 $
212 pages, 1997

J'ouvre mon commerce de détail
24 activités destinées à mettre toutes les chances de votre côté
Alain Samson

29,95 $
240 pages, 1996

Devenez entrepreneur 2.0 (version sur cédérom)
Plan d'affaires
Alain Samson, en collaboration avec Paul Dell'Aniello

69,95 $
1997

Devenez entrepreneur 2.0 (version sur disquettes)
Plan d'affaires
Alain Samson

39,95 $
4 disquettes, 1997

Communiquez ! Négociez ! Vendez !
Votre succès en dépend
Alain Samson

24,95 $
276 pages, 1996

Profession : vendeur
Vendez plus... et mieux !
Jacques Lalande

19,95 $
140 pages, 1995

Comment gérer son fonds de roulement
Pour maximiser sa rentabilité
Régis Fortin

24,95 $
186 pages, 1995

Donnez du PEP à vos réunions
Pour une équipe performante
Rémy Gagné et Jean-Louis Langevin

19,95 $
128 pages, 1995

Marketing gagnant
Pour petit budget
Marc Chiasson

24,95 $
192 pages, 1995

Faites sonner la caisse !!!
Trucs et techniques pour la vente au détail
Alain Samson

24,95 $
216 pages, 1995

Le marketing et la PME
L'option gagnante
Serge Carrier

29,95 $
346 pages, 1994

Comment trouver son idée d'entreprise (2e édition)
Découvrez les bons filons
Sylvie Laferté

19,95 $
159 pages, 1993

La passion du client
Viser l'excellence du service
Yvan Dubuc

24,95 $
210 pages, 1993

Correspondance d'affaires
Règles d'usage françaises et anglaises et 85 lettres modèles
Brigitte Van Coillie-Tremblay, Micheline Bartlett
et Diane Forgues-Michaud

24,95 $
268 pages, 1991